**EL PRINCIPAL PROBLEMA DE
LOS MATRIMONIOS HOY...**

según muchos especialistas en relaciones familiares,
no es

sexo...

dinero...

hijos...

sino falta de comunicación entre marido
y mujer.

H. Norman Wright, profesor de Educación Cristiana
en el Talbot Theological Seminary
y consejero matrimonial en funciones, conviene
en que la falta de comunicación es el verdadero
problema que provoca ese elevadísimo porcentaje
de divorcios en la iglesia y fuera de ella...
y ha hecho algo en favor de esta situación
desarrollando ideas prácticas para la comunicación
en el matrimonio, basadas equitativamente en
la enseñanza bíblica.

H. NORMAN WRIGHT

COMUNICACION, CLAVE DE LA FELICIDAD CONYUGAL

Métodos bíblicos llevados a la práctica para mejorar la comunicación entre los cónyuges y enriquecer las relaciones matrimoniales

Libros CLIE
Galvani, 113
TERRASSA (Barcelona)

COMUNICACIÓN, CLAVE DE LA FELICIDAD
CONYUGAL

Originally published in the USA under the title
COMMUNICATION, KEY TO YOUR MARRIAGE.
© 1974 by G/L Publications, Glendale, Cal. USA.

© 1974 por CLIE. Ninguna parte de este libro puede ser reproducida sin el permiso escrito de los editores, con la excepción de breves citas.

Versión española: Ángel Cazorla Olmo

Depósito Legal: B. 37.180-1984
ISBN 84-7228-168-X

Impreso en los Talleres Gráficos de la M.C.E. Horeb, A.C. n.º 265 S.G. - Polígono Industrial Can Trias, calles 5 y 8 - VILADECAVALLS (Barcelona)

Printed in Spain

Índice

Prólogo

Hagamos frente a ello. En los últimos años, el matrimonio ha tenido «mala prensa». El otrora permanente bastión de seguridad, y el compromiso de «hasta que la muerte nos separe», se ha convertido para muchos en un juego no permanente, que dura «hasta que el divorcio nos parezca conveniente».

Ahí están los problemas, en la iglesia y fuera de ella. El ardor, el entusiasmo y la excitación del noviazgo se diluyen en la rutina gris del trabajo, de la crianza de los niños y del sentarse con ojos soñolientos ante el televisor hasta que dan las últimas noticias. La vida sigue e inevitablemente se produce una mengua en la comprensión a medida que la laguna de la comunicación se hace más y más extensa. Muchas parejas carecen de los más elementales principios comunicativos requeridos para producir el entendimiento necesario para que un matrimonio se fortalezca, o tan siquiera exista, en estos tiempos en que nos toca vivir.

¿Qué puede hacerse? ¿Existe un medio de hacer que el matrimonio funcione bien... o de que funcione, simplemente? ¿Qué hay del ideal llamado «matrimonio cristiano»? ¿Es posible hoy un matrimonio cristiano?

Abundan los libros sobre el matrimonio... y los problemas sobre el matrimonio. Esta obra está concebida para llevarle a usted más allá de los problemas y empezar a buscar soluciones. La verdadera comunicación entre marido y mujer es posible. Norman Wright lo ha demostrado durante los pasados años en clases, seminarios, trabajos, retiros... allí donde ha podido reunir un grupo de personas casadas o que planean casarse.

Como consejero matrimonial, licenciado en California, Norman tiene experiencia y prestigio para hablar con autoridad sobre los problemas conyugales y de por qué, en el fondo de casi todos ellos, exista la falta de comunicación.

Siendo uno de los profesores más populares de su seminario y conferenciante requerido muy a menudo a través de todo el país, él posee la técnica educativa para hacer todo aquello de lo cual trata este libro: comunicar.

Una de las mejores cualidades que posee este libro es la siguiente: que es algo más que un libro. Es una experiencia en aprender, compartir y comunicarse. No se limite a leer este libro; dialogue con él y, esperanzadamente, hágalo con su cónyuge. Usted no habla simplemente de comunicarse. Usted *lo hace,* quizá por primera vez.

No le baste con «remojarse» en este libro. Sumérjase en él por completo. Alterne las secciones «¿Qué piensa usted?» y «¿Cuál es su plan?» de cada capítulo. Y, sobre todo, alterne con su cónyuge y *comuníquese* más profunda, personal y honestamente de lo que ha hecho hasta ahora. La comunicación es la clave de *su* matrimonio.

Fritz Ridenour, Director Gerente
Family Life, G/L Publications

matrimonio: ¡el único juego en que ambos contendientes pueden ganar!

¿Tiene futuro la institución llamada «matrimonio»? Algunos expertos dicen que el matrimonio, tal como nosotros lo conocemos, está de capa caída. Como la proporción del divorcio sigue aumentando o, cuando menos, permanece en unos niveles muy altos, mucha gente, dentro y fuera de la iglesia, se vuelve cada vez más pesimista sobre el matrimonio. Incluso para las parejas «perfectamente avenidas» en apariencia, el matrimonio es más y más un juego de azar.

Tres cambios primordiales están teniendo lugar en la institución matrimonial de hoy:

1. Mengua de comprensión entre los consortes.
2. Pérdida de la determinación de seguir casados.
3. Desarrollo de irreales expectaciones matrimoniales.

La mengua de comprensión y la falta de comunicación van aparejadas. A muchos matrimonios les falta hoy la habilidad comunicativa que produce el entendimiento necesario para que la pareja se mantenga unida. Comprensión en un matrimonio no significa que no haya diferencias. Significa que usted y su compañera puedan hablar sobre las diferencias y llegar a comprender el uno los puntos de vista del otro. Usted puede aceptar el hecho de que su cónyuge fue educado de una manera distinta y que, por consiguiente, reaccionará de forma distinta a la de usted. El hecho de que algo se llevara a cabo de cierta manera en el hogar donde usted se crió no significa que ello tenga que hacerse del mismo modo en su nuevo hogar.

Dos personas que se aman, pero que son incapaces de comprenderse, sufren un dolor mordiente y continuo en sus relaciones. La comprensión es algo que no viene fácilmente, pero una propensión a compartir puntos de vista, a considerar el «otro lado de la cuestión», a discutir las cosas, puede ayudar a marido y mujer a ajustarse y adaptarse a sus honestas diferencias de opinión.

Alguien ha comparado este ajustamiento a los dos puerco espines que vivían en Alaska. Cuando llegaban las espesas nevadas, sentían frío y se acercaban el uno al otro. Sin embargo, cuando estaban juntos empezaban a incomodarse mutuamente con sus púas córneas. Cuando se separaban volvían a sentir frío.

"CUANDO ME CASE
ANHELABA UN IDEAL
LO QUE ENCONTRE FUE UNA ODISEA
Y AHORA BUSCO UN ESCAPE"

Y a fin de mantenerse calientes tuvieron que aprender a ajustarse y adaptarse el uno al otro.

La falta de determinación de permanecer casados se ve hoy por doquier. Haber tenido más de un marido o de una mujer no se considera raro en absoluto. Cuando una mujer rellena un impreso para solicitar nuevo empleo, se encuentra con la pregunta: «¿Casada o soltera?» Y responde: «Entre matrimonios.»

Muchos van hoy al matrimonio con la disposición de que si la cosa no les sale bien pueden romper el pacto y empezar de nuevo. Otros son demasiado impacientes en su matrimonio; no desean vivir felizmente «después». Quieren vivir felizmente «ya», y cuando esto no ocurre, fracasan.

Demasiadas parejas jóvenes van al matrimonio cegadas por esperanzas irreales. Creen que sus relaciones se caracterizarán por un alto nivel de continuo amor romántico. Como dijo un joven adulto: «Yo quería casarme para ver cumplidos todos mis deseos. Yo necesitaba seguridad, alguien que cuidara de mí, estímulo intelectual e inmediata seguridad económica..., ¡pero no ha sido así!»

Pero no es la magia, sino el duro esfuerzo, lo que hace fructificar un matrimonio. Cuando se producen resultados positivos es porque las dos personas caminan juntas, paso a paso.

Una descripción un tanto cínica del matrimonio es la de que se trata del «único juego de azar en el que ambos jugadores pueden perder». ¡Yo prefiero verlo como el único juego en que ambos participantes pueden ganar! Estoy completamente de acuerdo con Richard Lessor cuando escribe en su libro *Love, Marriage and Trading Stamps*: «No existe un caso de matrimonio que haya sido sometido a prueba y hallado defectuoso. En el mundo del siglo xx, el verdadero matrimonio es profundamente deseado, pero raramente sometido a prueba.»

¿Y cómo se podría probar el «verdadero matrimonio»? De poco serviría buscar ayuda en la sociedad. La sociedad lucha con la crisis, pero continúa desalentadamente enmarañada en su propia red de ideas y valores conflictivos. La sociedad busca respuesta y sólo proporciona más y más preguntas.

¿Se trata de un mal incurable? En absoluto. La sociedad no ha encontrado el camino hacia el matrimonio feliz, pero Dios sí. Dios ha dado una pauta definida para el matrimonio, y si el hombre y la mujer siguen esta pauta, hallarán la felicidad y la armonía que buscan.

Charles Shedd, en su libro *Letters to Phillip*, cuenta la historia de dos ríos que discurren mansa y quietamente hasta que se juntan en un punto determinado. Cuando esto sucede, los dos ríos chocan entre sí con gran violencia y ruido. Sin embargo, cuando el nuevo río se forma cauce abajo, se aquieta gradualmente y vuelve a discurrir manso y suave. Pero ahora es mucho más ancho, más majestuoso y con mayor poderío. El doctor Shedd sugiere que: «Un buen matrimonio es a menudo así. Cuando dos corrientes independientes de existencia se unen, es probable el choque de una vida con otra en el punto de confluencia. Las personalidades se entrechocan en una disputa de preferencias. Las ideas luchan por ejercer su dominio y las costumbres rivalizan para adoptar posiciones. Algunas veces, como las olas, levantan rociadas que nos dejan sin aliento y que nos hacen preguntarnos a dónde ha ido a parar la amabilidad. Pero esto no tiene importancia. Como en el caso de los dos ríos, lo que resulta de esta lucha puede ser algo más profundo y poderoso de lo que ambas partes eran por sí solas.»

Dos cristianos tienen las mejores posibilidades de formar un matrimonio feliz porque cuentan con una tercera Persona —el Señor Jesucristo— que trabaja con ellos y los fortalece. Pero *debe* existir comunicación entre ellos y el Señor y entre ellos mismos. Este es el tema sobre el que trata únicamente el resto de este libro. En realidad, la comunicación —con Cristo y entre sí— es la clave de su matrimonio.

¿qué es un matrimonio "cristiano"?

Leyendo este capítulo descubrirá:

— la definición de un matrimonio cristiano;
— lo que significa ser «una sola carne»;
— cómo evaluar su propio matrimonio y tomar medidas para perfeccionarlo.

¿Cómo describiría usted el estar casado? ¿Qué piensa cuando oye la palabra «matrimonio»? ¿Gozo,

amor, felicidad, deleite? ¿Tristeza, odio, frustración?
¿O simplemente aburrimiento?

Las definiciones sobre el matrimonio están a perragorda la docena, y muchas de ellas no parecen valorar el matrimonio más allá de esa cantidad.

Meander dijo: «El matrimonio, si queremos enfrentarnos con la realidad, es una desgracia, pero una desgracia necesaria.»

Y Montaigne: «El matrimonio es como una jaula; los pájaros no se desesperan por entrar en ella y los que están dentro se desesperan por salir.»

La manifestación de Sidney Smith sobre el matrimonio es inteligente y contiene una gran dosis de sabiduría. Dijo: «El matrimonio se parece a unas tijeras, cuyas hojas están tan juntas que no pueden separarse; se mueven siempre en direcciones opuestas, pero castigan a quien se interpone entre ellas.»

¿QUE PIENSA USTED? 1

Las definiciones sobre el matrimonio dadas más arriba tienen tintes de cinismo o, cuando menos, de sátira. ¿Cuál es *su* definición del matrimonio? Escríbala debajo.

El matrimonio: ¿Un contrato con cláusula de evasión?

Algunos psicólogos, consejeros matrimoniales y ministros evangélicos han insinuado que el matrimonio es un contrato, y muchos convienen en ello. Pero ¿es esto cierto? ¿Es el matrimonio realmente un contrato?

En todo contrato hay ciertas cláusulas condicionales. Un contrato entre dos partes, ya sea entre compañías o entre simples individuos, comporta la responsabilidad de que ambas cumplan su parte en lo estipulado. Estas son CLAUSULAS CONDICIONALES o CLAUSULAS «SI». Si usted hace esto, la otra parte tiene que hacer aquello, y si la otra persona hace aquello, usted debe hacer esto. Pero en las relaciones matrimoniales y en la ceremonia del matrimonio no hay cláusulas condicionales. En ningún momento de la ceremonia matrimonial se dice: «Si el marido ama a su mujer, ésta continuará entonces el contrato.» O: «Si la esposa es sumisa a su marido, el marido ha de cumplir su parte en lo pactado.» El matrimonio es un compromiso incondicional en el que participan dos personas.

En muchos contratos hay CLAUSULAS de EVASION. Una cláusula de evasión dice que si una de las partes no cumple lo estipulado, la responsabilidad de la otra parte queda absuelta. Si una persona no se responsabiliza de su parte en el contrato, la otra puede rescindirlo. Esto es una cláusula de evasión. En el matrimonio no existen cláusulas de evasión.

¿QUE PIENSA USTED? 2

Clasifíquese en una escala de 1 a 5 (1, muy incómodo; 2, ligeramente más cómodo; 3, puede pasar; 4, probablemente sí; 5, no está mal) para responder a los siguientes conceptos (ponga un círculo en torno al número apropiado):

1. El matrimonio es una desgracia necesaria.

1 2 3 4 5

2. Es normal, incluso deseable, que los dos componentes del matrimonio se muevan en direcciones opuestas en la vida.

1 2 3 4 5

3. Muchas parejas tienen cláusulas condicionales no escritas en su matrimonio que ambos conocen, pero que nunca discuten.

1 2 3 4 5

4. Sería ventajoso para usted contar con una cláusula de evasión en su contrato matrimonial para protegerle, porque si el matrimonio sale mal será probablemente a causa de su cónyuge.

1 2 3 4 5

5. El matrimonio es un compromiso incondicional de la persona total para la vida total.

1 2 3 4 5

El matrimonio: Unión, no desunión

En su libro *The Essence of Marriage*, el ministro ordenado y consejero matrimonial Julius A. Fritze describe el matrimonio como sigue:

«El matrimonio es una fusión emocional de dos personalidades en una operación funcional, pero conservando cada una de ellas su propia identidad. El concepto bíblico está contenido en Génesis 2:24: "Una sola carne."» Fritze sigue ilustrando el entronque matrimonial y para ello recurre a la comparación de dos puñados de arcilla. Si usted sostiene un puñado de arcilla verde oscuro en la mano izquierda y otro en la mano derecha puede ver claramente las distintas tonalidades. Empero, si toma ambos puñados y los une sólo verá, al primer golpe de vista, una masa de arcilla verde. Mas luego, si inspecciona esta masa detenidamente, verá unas líneas separadas de arcilla verde oscuro y otras de verde claro. Este es el entronque matrimonial: dos personas fundidas de forma que parezcan una sola, pero reteniendo al mismo tiempo, cada una de ellas, su distinta identidad o personalidad. Es una vida nueva que existe en dos personas.

El matrimonio cristiano, sin embargo, implica algo más que la fusión de dos seres. Incluye también a una *tercera Persona* —Jesucristo— que da significado, guía y dirección a estas relaciones. Cuando Jesucristo preside un matrimonio, entonces y sólo entonces es un matrimonio cristiano.

Diversos escritores han dado definiciones de «matrimonio cristiano».

Wayne Oates, profesor en el Southern Baptist Theological Seminary, dice: «El matrimonio es un convenio de amor responsable, una confraternidad de arrepentimiento y perdón.»

David Augsburger, ministro menonita y autor de *Cherishable: Love and Marriage*, define el matrimonio preguntando primero: «¿Es el matrimonio una acción privada entre dos personas que se aman o un acto público en el que estas dos personas se empeñan y comprometen en contrato?» Y añade: «Ni lo uno ni lo otro. Es algo distinto. ¡Muy distinto!»

«Básicamente, el punto de vista cristiano sobre el matrimonio no es el de que se trate, primaria o siquiera esencialmente, de un contrato legal y social. El cristiano entiende el matrimonio celebrado bajo Dios y en presencia de los miembros de la familia cristiana. Este compromiso perdura, no por la fuerza de la ley o por temor a sus sanciones, sino porque se ha llevado a cabo un pacto incondicional. Un convenio más solemne, más obligatorio, más permanente que cualquier contrato legal.»

Dwight Small, experto consejero y autor de varios libros sobre el matrimonio, define éste como: «Una nueva vida existente en dos personas.»

Elton Trueblood, autor de *Company of the Committed*, así como de otras obras de discipulado cristiano, considera el matrimonio: «Un sistema mediante el cual personas que son pecadoras y contenciosas quedan tan prisioneras en un sueño y en un propósito más grande que ellas mismas, que seguirán elaborando a través de los años pese a repetidas decepciones, a fin de que el sueño se convierta en realidad.»

El doctor David Hubbard, presidente del Fuller Theological Seminary, ha dicho: «El matrimonio no requiere perfección. Pero debe dársele prioridad. Es una institución para pecadores. A nadie debe recurrir. Pero encuentra su mayor gloria cuando los pecadores lo ven como un sistema de Dios para conducirnos a través de Su fundamental *curriculum* de amor y justicia.»

¿QUE PIENSA USTED? 3

De las cinco definiciones recién enumeradas sobre el matrimonio cristiano, ponga un círculo en el nombre del autor cuya definición le guste más. La de:

Oates   Augsburger   Small   Trueblood   Hubbard

En la definición que eligió usted como la «mejor», ¿qué ideas le gustaron más?

De las cinco definiciones sobre el matrimonio dadas arriba, ¿cuál le atrae menos? La de:

Oates   Augsburger   Small   Trueblood   Hubbard

¿Qué es lo que más le fastidia de esa definición?

Use las cinco definiciones sobre el matrimonio cristiano, más sus propias ideas, para emitir su propia definición acerca del «matrimonio cristiano».

¿Qué dice la Biblia sobre el matrimonio?

¿Cuál es, entonces, el propósito de Dios para el matrimonio?

Un propósito básico es la procreación, traer hijos al mundo. Dios creó al hombre a su imagen y semejanza, y luego dijo: «Fructificad y multiplicaos; llenad la tierra, y sojuzgadla...» (Génesis 1:28). Salmos 127:3-5 enseñan que *«herencia de Jehová son los hijos... como saetas en mano del valiente... Bienaventurado el hombre que llenó su aljaba de ellos».*

La procreación lleva también consigo el cuidado y la educación de nuestros hijos. *«Instruye al niño en su camino* —dice el bien conocido versículo de Proverbios—, *y aun cuando fuere viejo no se apartará de él»* (Proverbios 22:6).

Pero en el matrimonio hay mucho más que la procreación, cuidado y educación de los hijos. Génesis 2:18-25, que el matrimonio fue idea de Dios y que El tenía en su mente varios propósitos.

18. *Y dijo Jehová Dios: «No es bueno que el hombre esté solo; le haré ayuda idónea para él.»*

19. *Jehová Dios formó, pues, de la tierra toda bestia del campo, y toda ave de los cielos, y las trajo a Adán para que viese cómo las había de llamar; y todo lo que Adán llamó a los animales vivientes, ese es su nombre.*

20. *Y puso Adán nombre a toda bestia y ave de los cielos y a todo ganado del campo; mas para Adán no se halló ayuda idónea para él.*

21. *Entonces Jehová Dios hizo caer sueño profundo sobre Adán, y mientras éste dormía, tomó una de sus costillas, y cerró la carne en su lugar.*

22. *Y de la costilla que Jehová Dios tomó del hombre, hizo una mujer, y la trajo al hombre.*

23. *Dijo entonces Adán: «Esto es ahora hueso de mis huesos y carne de mi carne; ésta será llamada Varona, porque del varón fue tomada.»*

24. *Por tanto, dejará el hombre a su padre y a su madre, y se unirá a su mujer, y serán una sola carne.*

25. *Y estaban ambos desnudos, Adán y su mujer, y no se avergonzaban.*

Dios creó el matrimonio para *compañerismo.* Como John Milton observó: «... La soledad fue la primera cosa que disgustó al ojo de Dios.» La soledad y el aislamiento son contradicciones al propósito del acto creativo de Dios. Dios hizo al hombre para vivir con otros, y el primer «otro» fue la mujer.

Dios creó también el matrimonio para la *totalidad*. La mujer tenía que ser... *ayuda idónea para él* (Génesis 2:18). La mujer fue creada como complemento o contrapartida, apropiada para el hombre. La mujer ayuda al hombre a hacer su vida (y la de ella también) completa, total. Ella llena los lugares vacíos. Ella comparte su vida con él, le saca de sí mismo hacia una más amplia zona de contacto mediante el compromiso que tienen el uno con el otro. La mujer puede entrar en un compañerismo responsable. Los dos socios de la relación matrimonial cumplen realmente el propósito de Dios de integridad y totalidad en la vida.

El compañerismo y la perfección que Dios quiere para el matrimonio nace de la *comunicación* que dos personas comparten cada día y del significado de sus vidas. Como dice Dwight Small: «El corazón de un matrimonio es su sistema de comunicación... Pero ninguna pareja inicia el matrimonio con un elevado nivel de comunicación. No es algo que ellos lleven al matrimonio ya prefabricado, sino algo que debe ser cultivado continuamente a través de las experiencias de su vida compartida.» El compañerismo satisfactorio y un sentido de desarrollo de la perfección a medida que el marido y la mujer aprenden a comunicarse con franqueza y comprensión.

El matrimonio: Una nueva relación

Génesis 2:24 pone énfasis en dos verbos: *dejar* y *unir*. La palabra *dejar* significa abandonar, cortar una relación antes de emprender otra. Desgraciadamente, muchos individuos no llevan a cabo esta ruptura. Abandonan el hogar *físicamente,* pero continúan en él *psicológicamente*. El apego al hogar y a los padres debe ser sustituido por el apego al cónyuge. Esto no significa que se menosprecie a los padres, sino más bien que se rompan los lazos que

nos une a ellos y asumamos nuestra propia responsabilidad para con la esposa.

La segunda palabra, *unir*, significa soldar o adherir. Cuando un hombre se «une» a su esposa, ambos se convierten en *una sola carne*. La expresión «una sola carne» es una hermosa descripción de la unicidad, perfección y permanencia que Dios desea para la relación matrimonial. «Una sola carne» sugiere unidad, compromiso total para la intimidad de toda una vida juntos, simbolizada por la unión sexual.

Los rabinos judíos enseñaban que el hombre está inquieto mientras le falta la costilla que le arrancaron del costado, y la mujer está inquieta hasta que se encuentra bajo el brazo del hombre, de donde procede. Con todo este jaleo originado en años recientes sobre la liberación de la mujer, he aquí una declaración de cómo la Biblia ve a la mujer. Ella no es una *propiedad* del hombre. Es su *compañera*, una compañera en toda la acepción de la palabra.

San Agustín vivió en el siglo v, pero lo que dijo encaja perfectamente en las acaloradas discusiones actuales sobre los derechos de la mujer. El santo escribió: «Si Dios hubiera pretendido que la mujer mandara en el hombre, entonces la habría sacado de la cabeza de Adán. De haber deseado que ella fuera su esclava, la habría sacado de sus pies. Pero Dios tomó la mujer del costado del hombre, pues la hizo para que fuese su compañera y su igual.»

En su libro *After You've Said I Do,* Dwight Small subraya la opinión bíblica consistente, igualitaria y democrática con respecto al matrimonio. «No puede haber unidad —escribe Small— si no existe un digno *status* de igualdad entre ambos consortes. La mujer, que salió del lado del hombre, debe estar a su lado para compartir toda responsabilidad y gozar de todo privilegio. Este es el objetivo.»

Continúa diciendo Small que alcanzar este objetivo no es nada fácil. Lo que se necesita es *diálogo*. El cree que el diálogo «tiene lugar cuando dos personas se comunican la una a la otra el pleno significado de sus vidas, cuando ambas participan en esta mutua comunicación de la manera más significativa que que tienen a su alcance».

Del Génesis 2:18-24 se pueden sacar tres claras opiniones cristianas sobre el matrimonio:

1. Como se ha mencionado, el matrimonio tiene que ser permanente, para toda la vida. Cuando dos se convierten en una sola carne no hay división ni separación por el daño irremediable que esto puede causar.

2. El matrimonio ha de ser monógamo. Hay ejemplos de poligamia en las Escrituras, pero son descripciones de lo que los hombres hicieron, no de aquello que las Escrituras enseñan como justo y correcto. Una sola carne significa nuevamente una sola carne. Un hombre no puede convertirse en una sola carne con más de una mujer y mantener el significado de lo que aquí se pretende.

3. Finalmente, el matrimonio cristiano pide fidelidad. La moralidad actual dice que el hombre puede ser «una sola carne» con tantas mujeres como él desee, que la fornicación y un pequeño adulterio son pasatiempos «saludables» que ensanchan la experiencia y profundizan las relaciones.

Sin embargo, la descripción divina del matrimonio habla de honda y duradera intimidad, un compañerismo entre hombre y mujer que conduce al mutuo enriquecimiento, a la felicidad y al bienestar. El adulterio es al matrimonio lo que un cuchillo a una espalda. Los actuales defensores de la «nueva moralidad» inventan toda clase de excusas para el adulterio y la fornicación. Salen al paso con lo que podría llamarse una moralidad de «pacotilla» en la cual los hechos, los sanos principios de las buenas relaciones humanas y las responsabilidades se retuercen y falsean hasta adquirir formas que aparentemente, en algunos casos, justifican la infidelidad como «una buena ocasión que no se puede desaprovechar».

Como dice Dwight Small en su libro *Design for Christian Marriage*: «Un martimonio cristiano no puede fracasar nunca, pero sí pueden fracasar las personas que lo componen. Existe una gran diferencia entre las dos posibilidades. De manera que si el matrimonio entre dos cristianos puede fracasar, ello se debe a que el hombre y la mujer ignoraban los propósitos de Dios o que no querían comprometerse con ellos.»

EL MATRIMONIO

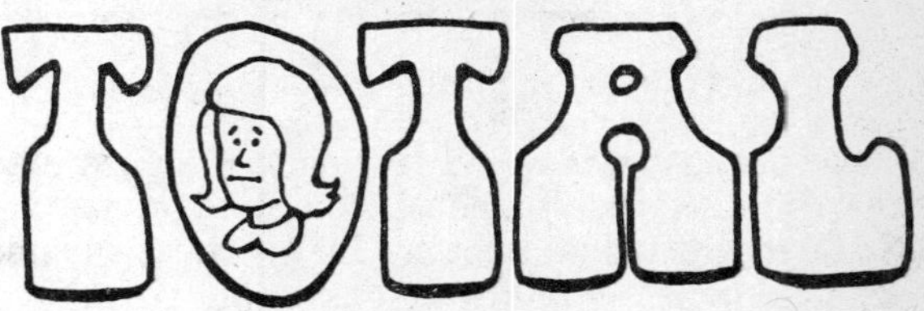

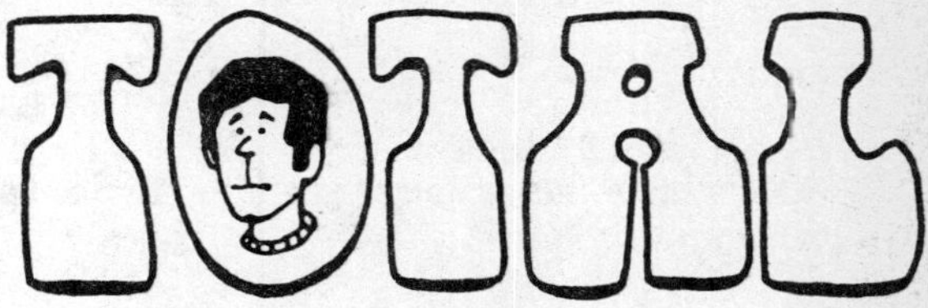

Dios lo deletreó claramente en el principio. Ya en el segundo capítulo del Génesis, El hizo constar claramente que el matrimonio es un compromiso *total* de la persona *total* para la vida *total*.

Lo contrario no es un matrimonio cristiano. Lo contrario puede fracasar fácilmente. Pero cuando el marido y la mujer se unen y se comprometen a Dios y a la comunicación mutua del pleno significado de sus vidas, no pueden hacer otra cosa que triunfar.

¿CUAL ES SU PLAN?

Si estudia usted este libro con su esposa puede obtener óptimos resultados si completa el siguiente cuestionario individualmente y luego discuten ambos las respuestas. Al comparar ideas, sentimientos y actitudes, usted puede alcanzar nuevos niveles de comunicación y entendimiento en su matrimonio.

PRIMERA PARTE

Piense en antes de estar casado...

1. ¿Cuáles eran las esperanzas que tenía usted en el matrimonio?

2. ¿Tenían usted y su esposa diferentes esperanzas en el matrimonio? ¿Cómo descubrieron estas diferencias? ¿Han discutido ustedes directamente acerca de ellas?

3. Yo esperaba del matrimonio...

4. Yo creía que mi cónyuge esperaba de mí...

5. Yo esperaba que mi cónyuge fuera...

SEGUNDA PARTE

1. Si tuviera que describir usted su matrimonio en este momento, con una palabra, ¿qué palabra utilizaría?

2. ¿Qué palabra cree usted que utilizaría su esposa para describir su matrimonio?

3. ¿Qué ventajas está obteniendo usted de sus relaciones matrimoniales que no hubiera obtenido de haber permanecido soltero? Sea muy específico.

4. ¿Qué virtudes ve usted en su cónyuge? ¿Le ha dicho alguna vez a él (o a ella) que es consciente de esas virtudes y que las aprecia?

5. ¿Qué hace su cónyuge para que usted sienta realzada su valía?

6. ¿Qué hace usted para expresar su amor y aprecio hacia su cónyuge?

7. ¿Cuáles son las virtudes de su matrimonio? ¿Quién contribuye más a ellas, usted o su consorte?

8. ¿Cuál cree usted que es el punto flaco de su matrimonio? ¿De qué forma puede ser usted responsable de ese punto flaco?

9. ¿Qué esfuerzos realiza usted para hacer que su matrimonio sea feliz?

10. ¿Qué esfuerzos ve usted que hace su cónyuge?

11. ¿Cuáles son sus objetivos presentes para su matrimonio? ¿Qué hará usted para alcanzar esos objetivos? ¿Qué puede hacer para permitirle alcanzarlos?

He aquí algunas sugerencias sometidas a su consideración:

● Demostraré más interés por las actividades de mi cónyuge formulando preguntas.

● Emplearé más tiempo pensando sobre los factores positivos de mi matrimonio e intentaré descubrir la manera de ser, lo que mi cónyuge quiere y necesita.

● Emplearé tiempo en orar por mí y mi familia, especialmente con mi esposa.

● Si tengo algún resentimiento contra los miembros de mi familia, particularmente con mi esposa, lo olvidaré ahora.

Otros objetivos que quiero proponerme:

Leyendo este capítulo descubrirá:
- — por qué existe hoy en muchos hogares «falta de mando»;
- — la definición bíblica del papel de esposa;
- — lo que significa someterse al marido;
- — la definición bíblica del papel de esposo;
- — lo que significa «amar a su mujer».

En el mundo de hoy existe cierta confusión en el papel y responsabilidad de la esposa-madre y en el de esposo-padre. ¿Quién es el cabeza de familia? *¿Existe* un cabeza de familia?

Imagine a un marciano que visite nuestro mundo y aterrice delante de su casa. El marciano se acerca a la puerta y llama al timbre. Suponga que uno de sus hijos abre la puerta y el marciano dice: «Llévame ante tu jefe.» ¿A quién debe conducirle el niño? ¿Al padre? ¿A la madre? ¿A ambos? ¿O debe responder el niño que el jefe es él? ¿Quién es hoy el jefe o cabeza de familia en el hogar?

Abundan chistes y dichos sobre la ineficacia del hombre como amo. Estamos hartos de oír que detrás de cada hombre con éxito hay una esposa comprensiva y útil. Otros dicen: «¡Tonterías! ¡Detrás de cada hombre con éxito hay una suegra astuta!» Estas bromas tienen su enjundia y, sin embargo, para algunas situaciones familiares son dolorosamente ciertas.

«El se jacta de ser el amo en su casa, pero también miente en otras cosas.»

«Cuando ella necesita la opinión de su marido, es ella quien se la da.»

«Siempre que él abre la boca lo hace para pedir la escoba o la aspiradora.»

«¿Qué eres, un hombre o un ratón? —gruñe ella—. ¡Largo de aquí!»

«La última gran decisión que ella le permitió tomar fue la de fregar los platos o secarlos.»

Hoy parece haber una nueva imagen del esposo-padre. Básicamente, el hombre ha asumido el papel de proveedor financiero de la familia (¡lo cual cambia, también, en muchos hogares!) y deja todas las otras funciones a la esposa. Muchos hombres ayudan a sus mujeres en tareas que en otro tiempo eran exclusivamente femeninas. En muchos matrimonios, la pareja empieza a repartirse los intereses y las responsabilidades; entonces se impone gradualmente la especialidad. El hombre se preocupa de su trabajo (el lado económico de la vida) y se inhibe de sus otras responsabilidades. La esposa queda al cargo de lo demás o simplemente «se hace cargo» debido a la falta de mando.

Otro factor que contribuye poderosamente a la «ausencia de mando» es la creencia de muchas familias en lo que ellos consideran «pura democracia». Cada miembro de la familia, incluyendo a los hijos, emite su voto en igualdad de condiciones. ¿Es esto apropiado? ¿Es esto lo que enseñan las Escrituras? Muchos hogares autollamados «cristianos» están hoy al borde de la desintegración debido a la carencia de una cabeza visible. Estos hogares pisan terreno falso porque prefieren alegar ignorancia de las pautas que se les han dado en las Escrituras.

¿QUE PIENSA USTED?   4

1.   Conforme a los párrafos precedentes, hay una carencia de mando masculino en muchos hogares porque el esposo se abstrae en su profesión y en ganar dinero y descuida sus otras responsabilidades. Por lo que usted ha experimentado y observado, ¿está de acuerdo?

2.   Enumere algunas responsabilidades que a su juicio descuidan los esposos a causa de su preocupación por el trabajo.

¿Cuál es el papel bíblico de la esposa?

Efesios 5:22-23 contiene la más clara definición bíblica de los papeles del matrimonio. En Efesios 5:22-24, Pablo habla particularmente a la mujer acerca de sus responsabilidades con respecto al marido:

Las casadas están sujetas a sus propios maridos, como al Señor; porque el marido es cabeza de la mujer, así como Cristo es cabeza de la iglesia, la cual es su cuerpo, y él es su Salvador. Así que, como la iglesia está sujeta a Cristo, así también las casadas lo estén a sus maridos en todo.

Génesis 2:18-20 enseña que la mujer fue creada para ser una «ayuda idónea», para complementar al hombre y colaborar con él. En un sentido real, la esposa es una realización de la vida del marido.

Efesios 5:22-24 enseña que la mujer tiene que estar «sujeta» o «sumisa» a su esposo. ¿Cómo pueden ligar estos dos conceptos? ¿Cómo puede la mujer ser un «complemento» de su marido y estarle sometida al mismo tiempo? ¿Qué significa esto en un sentido práctico?

Primero, la sumisión de la esposa al marido es de completo albedrío, de amor, no de obligación o temor. La Iglesia se somete al Señorío de Cristo de manera voluntaria, en respuesta a Su amor. La motivación de la mujer al someterse a su marido debe ser la misma.

Pero ¿qué significa someterse? En modo alguno significa «ser un trapo de cocina». La Biblia dice sumisión, no «sevidumbre». La esposa *no* debe convertirse en nada, en un peón en manos de su marido. Ella conserva su idiosincrasia como persona, con derecho a sus propias ideas y sentimientos. No es una criada. Continúa siendo un ser humano con una personalidad y unas necesidades definidas. Ella necesita aceptar responsabilidades y adoptar decisiones en la misma medida que su marido.

Las relaciones matrimoniales discurren suavemente cuando se siguen las normas bíblicas. Las reglas del tráfico permiten al conductor llegar a su destino con las mínimas posibilidades de riesgo o accidente. Las pautas bíblicas ayudan a la pareja a alcanzar su destino de felicidad. Una de estas pautas o normas es, para la esposa, someterse a su marido como jefe en sus relaciones. Ella se somete, no porque él se lo exija, sino porque Cristo la dirige a ella hacia Su Palabra. ¡La falta de sumisión al esposo es un problema tanto espiritual como marital!

La mujer anima y fortalece al esposo en su papel masculino de jefe y *nunca* intenta destruirlo, usurparlo, debilitarlo o eliminarlo. Una mujer tiene que respetar a su marido y afirmarle en su mandato.

Dwight Small sugiere que «cada uno de ellos es un participante activo en la construcción de las relaciones... Excluida queda para siempre cualquier idea de superioridad-inferioridad». El propio Pablo afirma el principio de «interdependencia personal en el matrimonio».

«Dios ha puesto al hombre a cargo del primado —escribe Gladys Hunt—. En realidad, Dios hace al hombre responsable de la caída, pues dice la Escritura: ... *por un hombre entró el pecado en el mundo; y esto a pesar de que la mujer fue engañada, pero no el varón.* De igual manera, El hace ahora al hombre cabeza de su esposa. Y dice a ésta: "No le hagas la vida difícil. Ayúdale a ser lo que Yo quiero que sea. Ayúdale en su cometido; no compitas por la jefatura."

»Esto no quiere decir que ella nunca tenga un pensamiento original o que nunca diga que no está de acuerdo, etc. Esto significa que el espíritu de la mujer está controlado por el Espíritu de Dios. Ella no tiene que demostrar su valor pretendiendo usurpar el papel de su esposo.»

¿QUE PIENSA USTED? 5

Conviene o discrepa usted en que:

1. Fue idea de Dios que una esposa deba renunciar inmediatamente a todo para irse con su marido.
   a. Convengo firmemente.
   b. Convengo con reservas.
   c. Discrepo firmemente.
   d. Discrepo con reservas.

2. Es correcto que una esposa obediente instruya y
   aconseje a su marido.
   a. Convengo firmemente.
   b. Convengo con reservas.
   c. Discrepo firmemente.
   d. Discrepo con reservas.
3. Una mujer tiene derecho a desobedecer a su marido cuando cree que él se excede.
   a. Convengo firmemente.
   b. Convengo con reservas.
   c. Discrepo firmemente.
   d. Discrepo con reservas.
4. Puesto que a la mujer se le ha asignado una posición subordinada en el matrimonio, no está en
   iguales condiciones que el hombre.
   a. Convengo firmemente.
   b. Convengo con reservas.
   c. Discrepo firmemente.
   d. Discrepo con reservas.
5. La esposa ha de ser considerada como la que
   cocina, lava, educa a los niños y al mismo tiempo
   como una «ayuda» para su marido.
   a. Convengo firmemente.
   b. Convengo con reservas.
   c. Discrepo firmemente.
   d. Discrepo con reservas.

Escriba en hoja aparte cada una de estas manifestaciones para indicar sus propias creencias y convicciones.

¿Y qué hay sobre el papel del marido?

En Efesios 5:25-32, Pablo trata específicamente
sobre las responsabilidades del marido:

*Maridos, amad a vuestras mujeres, así como Cris-
to amó a la iglesia, y se entregó a sí mismo por ella,*

para santificarla, habiéndola santificado en el lavamiento del agua por la palabra, a fin de presentársela a sí mismo, una iglesia gloriosa, que no tuviese mancha ni arruga ni cosa semejante, sino que fuese santa y sin mancha. Así también los maridos deben amar a sus mujeres como a sus mismos cuerpos. El que ama a su mujer, a sí mismo se ama. Porque nadie aborreció jamás a su propia carne, sino que la sustenta y la cuida, como también Cristo a la iglesia. Porque somos miembros de su cuerpo, de su carne y de sus huesos. Por esto dejará el hombre a su padre y a su madre, y se unirá a su mujer, y los dos serán una sola carne. Grande es este misterio; mas yo digo esto respecto de Cristo y de la iglesia.

En Efesios 5:23, Pablo declara que el marido es la cabeza de la esposa. Desgraciadamente, muchos hombres sólo leen hasta aquí y no llegan al resto del versículo..., «como Cristo es cabeza de la iglesia». Al hombre se le ha dado autoridad, pero Pablo no quiere decir que los maridos tengan que ser amos para con sus esposas. Ser cabeza no significa ser el vencedor en una batalla. El marido marca el paso siendo jefe. La autoridad está allí, pero él siempre deberá responder ante Dios del uso que haga de ella.

Al someterse el esposo a Cristo, su autoridad es transformada por Cristo en cuidado y sacrificio. La verdad básica de este pasaje *no* es control y dominio, sino sacrificio de amor por su esposa. En ninguna parte se da al marido la prerrogativa de tratar a su mujer con un látigo. El *no* puede imponer su voluntad egoísta a la esposa ni hacer sombra a sus sentimientos. Las Escrituras no subrayan que Jesucristo dominara o ejerciera dictadura sobre la Iglesia. Cristo se dio a Sí Mismo a la Iglesia. El toma la iniciativa de amar y servir a la Iglesia; *ésta es la pauta que deben seguir los maridos para cuidar de sus esposas.* Cuando un marido no hace esto, tiene un problema

NO DIGAS "HARE" SI TU "HACES"
SINO MAS BIEN "HAREMOS"

espiritual (desobediencia a la Palabra) y un problema marital.

Un esposo amante debe estar deseando dar todo cuanto sea preciso para llenar la vida de su mujer. Su amor está dispuesto a cualquier sacrificio en bien de ella. La primera responsabilidad del hombre es para con su esposa. Su amor por ella le hace capaz de dársele a sí mismo.

Su amor es también un amor purificado. El marido nunca pide a su esposa que haga algo que a ella le desagrade o la perjudique. El cariño a su esposa debe compararse con el cariño a su propio cuerpo. Un esposo amante no trata de sacar provecho de su mujer, pues no la ama por amor a la conveniencia. Tampoco debe considerarla como a una especie de criada permanente que cocina, lava y cuida de los niños. Por el contrario, el esposo amante mira a su mujer como a una persona a la que tiene que mimar y fortalecer. Un amor cuidadoso es un amor de servicio. El amor conyugal por parte del marido debe copiarse del que Cristo profesa a la Iglesia.

¿QUE PIENSA USTED? 6

Usted conviene o discrepa en que:

1. La Biblia enseña que el marido es el cabeza de familia. Así pues, la esposa debe ser sumisa y obediente a su marido en todo, aun cuando él no sea creyente.

   a. Convengo firmemente.
   b. Convengo con reservas.
   c. Discrepo firmemente.
   d. Discrepo con reservas.

2. Puesto que el hombre es el cabeza de familia, y esto siguiendo la pauta de Cristo, por consiguiente, el marido debe ser el «amo» de su esposa.
   a. Convengo firmemente.
   b. Convengo con reservas.
   c. Discrepo firmemente.
   d. Discrepo con reservas.
3. Es correcto que el marido pida obediencia u ordene a su esposa que respete su autoridad.
   a. Convengo firmemente.
   b. Convengo con reservas.
   c. Discrepo firmemente.
   d. Discrepo con reservas.
4. Generalmente el marido debe adoptar la decisión final cuando él y su esposa no están de acuerdo sobre una determinación a tomar.
   a. Convengo firmemente.
   b. Convengo con reservas.
   c. Discrepo firmemente.
   d. Discrepo con reservas.

Escriba ahora en hoja aparte cada una de estas manifestaciones para indicar sus propias creencias y convicciones.

¿A dónde vamos desde aquí?

Como ha estudiado en Efesios 5:22-33, usted debe recordar el aplicar estas verdades de una *manera muy personal y específica*. No se preocupe del cometido de su cónyuge. Concéntrese en su *propia responsabilidad* en su matrimonio, conforme a lo que enseña la Palabra de Dios. A todos nos gusta aplicar las Escrituras a «los otros». Aplicándolas uno a sí mismo, con frecuencia se «toca el corazón» del otro o de la otra. Y en Efesios 5, Pablo «toca el corazón» de verdad.

Digamos que algunas esposas reaccionan a las enseñanzas de Pablo en Efesios diciendo: «Yo me someteré a mi esposo si él cumple su parte y me ama como yo quiero ser amada.»

Pero en Efesios 5:21-24, Pablo no dice eso. Pablo dice a las mujeres, ni más ni menos: «Olvidad lo que el hombre haga y preocupaos de vuestras propias responsabilidades. No baséis vuestra conducta y acciones en la idea de que si vuestros maridos hacen esto, vosotras haréis aquello. Vuestra conducta y acciones han de ser el resultado de vuestro compromiso y obediencia a Cristo, que estará en el centro de vuestro matrimonio.»

Y lo mismo va para los maridos. Algunos hombres asimilan la enseñanza de Pablo y deducen: «Yo soy el amo en mi casa. Mi mujer tiene que obedecerme. La Biblia está de parte mía.»

Pero adviertan que en Efesios 5:22-33 Pablo no subraya la *autoridad* del marido sobre la esposa. Por el contrario, el apóstol se centra en la *responsabilidad* del marido de sentir un amor desinteresado por su esposa. Maestro en ilustrar, Pablo recuerda al marido que éste ama su propio cuerpo. ¿Ama a su esposa en la misma medida? Cristo amó Su «cuerpo», la Iglesia. El sentó el ejemplo que debe seguir el hombre.

Como marido, usted no pide obediencia. Usted no ordena a su mujer que respete su autoridad. Usted no dice: «Sé sumisa y obediente y *entonces* te amaré como la Biblia me aconseja.» Usted, por el contrario, se centra en su responsabilidad de dar amor. Usted *da a su esposa la libertad de decidir el someterse a usted.* La sumisión, según Pablo, es responsabilidad de ella, no de usted. Y, naturalmente, cuando ella se somete le devuelve su amor libre y gozosamente, *porque sabe que es amada.*

En Efesios 5:33, Pablo encierra su enseñanza en una sola declaración:

Por lo demás, cada uno de vosotros ame también a su mujer como a sí mismo; y la mujer respete a su marido. Marido o esposa, he aquí la regla de oro para un matrimonio verdaderamente feliz. Acepte su responsabilidad y dé a su cónyuge opción para aceptar la suya. Entonces construirá un matrimonio en el que ambas partes son libres para comunicarse abierta y honestamente. Con buena comunicación no habrá carencia de mando. Cuando hombre y mujer cumplen, desempeñan sus respectivos papeles bíblicos, amor y sumisión se desenvuelven juntamente. El resultado es una atmósfera de confianza y seguridad donde ambos consortes crecen y maduran como Dios manda.

¿CUAL ES SU PLAN?

Si estudia usted este libro en unión de su esposa, pueden obtener mejores resultados si completan el siguiente cuestionario individualmente y luego discuten juntos las respuestas. Al comparar ideas, sentimientos y actitudes, alcanzarán nuevos niveles de comunicación y entendimiento en su matrimonio.

Hagan tiempo esta semana para estudiar Efesios 5:22-33. Lean el pasaje dos o tres veces y luego completen lo que sigue:

1. Enumere las instrucciones dadas a su esposa. Describa detalladamente lo que significan estas instrucciones por lo que a usted respecta.

2. Enumere las instrucciones dadas a su esposo. Describa detalladamente lo que estas instrucciones significan para usted.

3. ¿Cuáles cree que serán las consecuencias si uno u otro de los cónyuges no sigue estas instrucciones? Sea específico/a.

4. ¿Cómo cree usted que encajan las normas dadas en Efesios 5:22-33 con la actitud conyugal en el mundo de hoy?

5. ¿Qué cambios o adiciones cree usted que debe introducir en su sistema de vida para juzgar las instrucciones dadas en Efesios 5:22-33? Describa estos cambios y adiciones con cierto detalle.

Un marido podría decir:

Yo puedo demostrar más amor preguntando a mi mujer a dónde le gustaría que fuéramos las próximas vacaciones. ...

Consideraré sus sentimientos y opiniones cuando llegue el momento de decidir la compra del coche nuevo.

Puedo sentarme y hablar con mi mujer sobre algo que le interese.

Puedo decirle que la amo.

Añada sus propias ideas sobre cosas que quiere decir y cambios que quiere llevar a cabo...

Una esposa padría decir:

Quiero descubrir las necesidades de mi marido y procurar se cumplan.

Puedo no levantar la voz cuando vuelva tarde del trabajo sin haberme telefoneado para advertírmelo.

Puedo ayudarle más animándole para aquellos asuntos en los que le falta confianza.

Añada sus propias ideas sobre cosas que quiere decir y cambios que quiere llevar a cabo...

¿cómo se las arregla usted?

Leyendo este capítulo descubrirá:

— el «cuándo», «cómo» y «quién» de las decisiones a adoptar en un matrimonio;

— Principios de 1.ª Pedro 3 concernientes al papel del marido y de la esposa;

— cómo introducir cambios en su actitud o conducta que edifiquen un matrimonio más sólido.

Efesios 5 lo dice claramente. El marido ha de ser el jefe amante del hogar. La esposa debe someterse de buen grado a esta jefatura. Estos son grandes principios, pero ¿cómo se desarrollan en las dificultosas situaciones de un día cualquiera? ¿Qué hay, por ejemplo, de las docenas de decisiones a adoptar diariamente?

Según Nathan Ackerman, especialista en asuntos familiares, «el bosquejo de los cometidos del varón y de la hembra no es siempre claro. Se confunden con frecuencia las ideas de cooperación, división de tareas y reparto de autoridad. El padre compite con la madre y teme ser superado. Ninguno de los dos está seguro, pero ambos pretenden ganar la competición. Paradójicamente, cada uno de ellos descarga en el otro la responsabilidad de las decisiones. El sentido de porfía reduce el afecto, entorpece la comunicación, perjudica el apoyo mutuo y disminuye la satisfacción de la necesidad personal. En efecto, la cooperación inteligente amengua y aumenta la disputa y la recriminación. La consecuencia inevitable es una progresiva alienación emocional en las relaciones paternas.

«Estando el padre ausente la mayor parte del día, la madre asume la posición dominante en el hogar.

»El padre se esfuerza denodadamente en triunfar como hombre; persigue lo que se ha dado en llamar "el culto suicida de la hombría". Para probar sus méritos no le basta con ser un hombre; tiene que ser un superhombre. En su trabajo cotidiano sirve a alguna gigantesca organización industrial o es un lobo solitario en la jungla de la moderna empresa competitiva. Cuanto más triunfa, más teme al fracaso. Trae a casa sus preocupaciones laborales y, cansado y exhausto, apenas le queda vigor emocional para dar libremente su amor a su esposa e hijos.

»El hombre quiere reponerse para la batalla de mañana, pero encuentra a la esposa absorbida en las tareas domésticas. Se siente abandonado, solo y enfurecido porque su esposa le demuestra tan escasa comprensión. Ella le reprocha el que no desempeñe un papel más responsable en la familia; pide más consideración para ella y para los niños. Se siente culpable de las dificultades con los críos, pero niega esta culpabilidad y se la achaca al padre. Este la acepta y cree que realmente la culpa es suya. Aunque confuso e irritado, apacigua a la madre por la necesidad que siente de ella. Y trata de ser útil para ganar sus favores.

»Ambos se comportan de manera antinatural, procurando evitar cualquier asomo de emoción que ellos consideran flaqueza. Un contacto de emoción parece resultar peligroso, como si la emoción fuese algo perjudicial y destructivo. Por consiguiente, hay que disimularla. La ansiedad por la pérdida de control es constante. Se evitan los sentiminentos tiernos o, si se expresan, son ignorados; huelen a debilidad y amenazan la pérdida de control. De esta manera la conducta de los padres se hace incontrolada, falta de espontaneidad, reducida en vitalidad. Tanto él como ella se sienten abrumados por el peso de la angustia, la culpabilidad y la duda. Temen a la vida y han perdido su celo por la lucha y su afán de aventura. Se acomodan en un sistema de vida estereotipado, en una rutina confortable y segura. Se esfuerzan en emular a los señores Fulano de Tal en todos los signos externos del éxito convencional: un hogar, un coche nuevo, etc.»

¿QUE PIENSA USTED?   7

1. ¿Quién le parece que debe tomar las decisiones en su familia? (Ponga un círculo en lo que considere apropiado.)

    a. Me siento tranquilo sobre quién toma las decisiones.

b. No me gusta adoptar decisiones.
c. Creo que tomo demasiadas decisiones.
d. Me parece que no adopto suficientes decisiones.
e. No me place renunciar a las decisiones que tomo ahora.
f. ¿Decisiones? ¿Qué decisiones?

¿Quién es responsable?

Las situaciones dudosas y la confusión sobre quién es el responsable de detalles como adoptar decisiones, disciplinar a los niños o administrar el dinero, causan muchos problemas matrimoniales. Pero ¿cómo puede saber un matrimonio lo que debe hacer en cuanto a tomar decisiones y al problema de «quién es el responsable»?

James Jauncey, en su libro *Magic in Marriage*, indica que el marido y la esposa cristianos disponen de una ayuda específica para los problemas diarios, no solamente en las normas de las Escrituras, sino también en la presencia cotidiana del Espíritu Santo. Como dice Jauncey: «Dios, a través del Espíritu Santo, busca nuestro bienestar y felicidad. Pero raramente lo hace mediante un hecho sobrenatural. Por el contrario, El trata de calar en nuestro pensamiento hasta que nuestros sean los Suyos.

»Dios tiene en el matrimonio a dos personas que trabajan conjuntamente. La autoridad del marido no lleva implícita la infalibilidad. Puesto que ambos se han convertido en «una sola carne», el gobierno ha de venir a través de los dos. Ello significa que, excepto en casos de emergencia, las decisiones que afectan a toda la familia no deben ponerse en práctica hasta contar con la unanimidad de ambos.»

Este punto de vista lo comparte también Lionel Whiston. En su libro *Are You Fun to Live With?* dice:

«El método más productivo e ideal de tratar las decisiones es, sin duda, tomarlas juntos bajo los dictados de Dios. Esto elimina la posibilidad de invadir áreas de responsabilidad en plan de desafío, en secreto, mediante el chantaje o teniendo que apaciguar constantemente al cónyuge ofendido.

»El privilegio de tomar decisiones en común bajo el dictado de Dios es el compromiso de ambos cónyuges hacia El, no sólo como individuos sino como equipo. Este compromiso confía en una sabiduría y en una dirección superior a la de cualquiera de los consortes; prácticamente significa examinar todos los factores inherentes, «poniendo las cartas sobre la mesa», incluyendo datos pertinentes, motivos y deseos interiores, el reconocimiento de cuál de los esposos tiene mayor experiencia en el área particular de que se trate, y lecciones aprendidas en el pasado.»

Este punto de vista presupone que las dos personas buscan honesta y sinceramente la voluntad de Dios para regir sus vidas y están dispuestos a cumplirla. Muchas veces, el marido y la mujer deciden que es mejor que uno de ellos adopte decisiones en diferentes áreas de responsabilidad. Más de un marido juicioso, reconociendo la capacidad y virtudes de su esposa, le delega responsabilidades definidas y autoridad allí donde ella puede complementarle mejor. Cada uno de ellos confía en la virtud y juicio del otro. ¿Qué ocurre cuando el marido y la mujer no están de acuerdo sobre una decisión que debe tomarse? En este caso tal vez deba decidir el esposo. Ello no significa que sea la mejor decisión, pero Dios hace al hombre responsable de las decisiones, no a la mujer.

Un pasaje con muchas específicas prácticas sugerencias como normas bíblicas para las decisiones en conjunto es 1.ª Pedro 3:1-9, donde el apóstol habla sobre cómo deben ser y actuar los dos cónyuges.

Pedro completa el capítulo 2 de su primera epístola
con una animada descripción de cómo Cristo se so-
metió al sacrificio y al sufrimiento. Expone un ejemplo personal que todo cristiano debería seguir. (Véase 1.ª Pedro 2:21.) Pedro inicia luego el capítulo 3
con aplicaciones prácticas de cómo seguir el ejemplo
de Cristo, diciendo:

1. *Asimismo vosotras, mujeres, estad sujetas a
vuestros maridos; para que también los que no creen
a la palabra, sean ganados sin palabra por la conducta de sus esposas,*

2. *considerando vuestra conducta casta y respetuosa.*

3. *Vuestro atavío no sea el externo de peinados
ostentosos, de adornos de oro o de vestidos lujosos,*

4. *sino el interno, el del corazón, en el incorrup-
tible ornato de un espíritu afable y apacible, que es
de grande estima delante de Dios.*

5. *Porque así también se ataviaban en otro tiempo aquellas santas mujeres que esperaban en Dios,
estando sujetas a sus maridos;*

6. *como Sara obedecía a Abraham, llamándole
Señor; de la cual vosotras habéis venido a ser hijas,
si hacéis el bien, sin temer ninguna amenaza.*

7. *Vosotros, maridos, igualmente, vivid con ellas
sabiamente, dando honor a la mujer como a vaso
más frágil, y como a coherederas de la gracia de
la vida, para que vuestras oraciones no tengan es-
torbo.*

8. *Finalmente, sed todos de un mismo sentir,
compasivos, amándoos fraternalmente, misericordio-
sos, amigables;*

9. *no devolviendo mal por mal, ni maldición por
maldición, sino por el contrario, bendiciendo, sabiendo que fuisteis llamados para que heredaseis bendición.*

¿Por qué tanto consejo a las esposas?

Es interesante notar que el consejo que Pedro da a las esposas es seis veces más largo que su consejo para los maridos. Existe una razón. Por la época en que Pedro escribía, si el marido se hacía cristiano, su esposa le seguía automáticamente a la iglesia. Pero si la esposa se hacía creyente, ello creaba tensiones y dificultades. En los tiempos de Pedro, el hombre y la mujer no ocupaban el mismo lugar en la familia.

Esta inigualdad era frecuentemente reflejada en la forma judía de la oración matutina. Una de las frases que un judío oraba cada mañana era: «Doy gracias a Dios porque no me hizo gentil, esclavo o mujer.» La opinión sobre la mujer que impregnaba toda la ley judía era que la mujer no se consideraba como una persona, sino como un objeto. Ella no tenía derechos legales; pertenecía exclusivamente a su marido y éste podía hacer con ella lo que quisiera.

Ahora bien, en teoría, los judíos tenían un elevado ideal del matrimonio. Los rabinos decían: «Todo judío debe entregar su vida antes que cometer idolatría, crimen o adulterio.» «El altar mismo derrama lágrimas cuando un hombre se divorcia de la mujer de su juventud.» Esto era pura teoría... ¡La verdad es que, en tiempos de Cristo, el divorcio era trágicamente fácil!

Las leyes del divorcio eran extrañas por aquel entonces. La mujer no tenía el menor derecho al divorcio, a menos que su marido contrajera la lepra, cometiese apostasía o se viera envuelto en «negocios turbios». Pero, por lo que a la ley respectaba, el hombre podía divorciarse de su mujer casi por cualquier motivo. La mujer se veía impotente e indefensa. Y el proceso para obtener el divorcio era la mar de sencillo. La ley decía que un hombre que quisiera divorciarse sólo tenía que entregar a su mujer una nota diciendo: «Sirva la presente como carta de divorcio y liberación por mi parte, permitiéndote casarte con el hombre que quieras.» El marido entregaba la carta de divorcio a su mujer en presencia de dos testigos y el matrimonio se daba por terminado.

En el mundo griego, en tiempos de Cristo, la situación era peor aún. Las mujeres de las clases respetables en Grecia llevaban una vida completamente recluida. No tomaban parte en la vida pública; jamás aparecían solas en las calles; tampoco asistían a banquetes u otras celebraciones sociales. Cada mujer tenía su propia morada y nadie, excepto el marido, podía entrar en ella. Era cuestión del marido tener a la mujer recluida para que viera, oyese y preguntase lo menos posible. El compañerismo, la camaradería en el matrimonio era algo insólito en aquel entonces. El hombre buscaba estos placeres fuera del matrimonio.

Pedro piensa en todas estas condiciones cuando habla a las mujeres sobre cómo deben comportarse para ser buenas esposas, aun cuando ellas sean cristianas y sus maridos no. Su consejo no es profundo; es sorprendentemente sencillo. Sé una buena esposa. Eso es todo. Nada más ni nada menos. La esposa cristiana ganará a su marido mediante la silenciosa plegaria de su conducta.

Muchas mujeres cristianas han caído en la trampa de ser como especie de cintas magnetofónicas. Recuerdan textualmente cada palabra del sermón y cuando llegan a casa repiten, como los papagayos, todo cuanto han oído. Otras mujeres, en sus esfuerzos por alcanzar a sus maridos para Cristo, mencionan a Dios en cada frase y el marido llega a creer que una conversación normal es algo imposible. ¡Hasta le sueltan un sermón de cómo Dios creó a las maravillosas vacas, las cuales hacen posible que él tenga un bistec en su plato!

Una esposa logra más mediante su conducta cristiana que por sus palabras. Como una mujer, que declaró: «No he dicho a mi marido que he aceptado al Señor. Quiero esperar hasta que él vea tal cambio en mí que me pregunte: "¿Qué te pasa? ¿Por qué pareces tan distinta?" Si se lo digo entonces causará más efecto.»

Pedro sigue explicando cómo debe ser una buena esposa. Debe ser sumisa, lo que significa ser voluntariamente generosa. Una buena esposa es también respetuosa y pura. Una mujer respetuosa es aquella que nunca intenta decir o hacer algo que moleste a su marido o le haga sentirse inseguro o avergonzado. Se preocupa por el bienestar de su esposo, edificándole en vez de destruirle. Una buena esposa ha de ser digna de confianza. Debe ser fiel y no meterse en lo que algunos llaman «flirteos inocentes».

Un tercer principio bíblico es que una mujer digna sabe lo que ponerse. Cuando Pedro escribió esto no decía a las mujeres cómo debían vestirse; simplemente sentaba un principio: una mujer hermosa es aquella que posee belleza y brillo en su interior.

Manifiesta William Coleman: «Naturalmente, es razonable que una mujer quiera aparecer atractiva y seguir la moda. Pero no debe aparecer extremada. Demasiadas mujeres jóvenes ponen un énfasis en lo sexual. ¡Qué lástima que no comprendan cuál es la femineidad!

»¿Saben cómo se las arregla la hembra del rinoceronte para seleccionar al macho? Como es corta de vista, cuando ve a su galán lo primero que hace es retroceder. Luego lo ataca a cincuenta kilómetros por hora, golpeándolo de lado y derribándolo. Ella, entonces, se acerca y lo pisa. Y mientras el macho está literalmente magullado y sangrante, recibe el mensaje: "¡Ella me ama!"

»La mujer cristiana no es de esta manera. Es fe-

LOS MARIDOS NO SUELEN APRECIAR EL ACERCAMIENTO AGRESIVO

menina, amable, dulce y bondadosa porque sabe lo que significa la femineidad. Hay pocos hombres que quieran tener por esposa a un sargento.»

Pedro no quería que la mujer cristiana llamara la atención por el simple hecho de ser mujer. Por el contrario, la animaba a desarrollar una belleza interior que refleja femineidad, amabilidad, reflexión y amor.

¿QUE PIENSA USTED?   8

(Sólo para esposas)

1.   La Primera Epístola de Pedro 3:1-6 da algunas sugerencias específicas sobre cómo una esposa puede desempeñar su papel en las relaciones matrimoniales. Para aplicarse este pasaje a usted misma, complete las siguientes frases:

Soy sumisa a mi marido cuando yo...

Respeto a mi marido cuando...

Muestro un espíritu amable y tranquilo cuando...

2. A continuación citamos cuatro palabras de Pedro para las esposas. ¿Cuál de ellas le dice algo sobre la adopción de decisiones en su matrimonio? ¿Por qué? Escriba su propia razón de ese porqué.

Sumisa

Respetuosa

Amable

Tranquila

3. Las palabras de Pedro a las esposas —sumisa, respetuosa, amable y tranquila— ¿indican que usted siempre deja que su marido tome las decisiones en su familia? ¿Por qué no? Escriba la razón según usted lo entiende.

4. Si es usted esposa, ponga un círculo en torno a la palabra que le concierna:

Yo escucho a mi marido agradablemente.

Siempre   A veces   Raramente   Nunca

Deseo que mi marido escuchara más mis ideas.

Siempre   A veces   Raramente   Nunca

Poseo el pleno convencimiento de saber cómo disciplinar a mis hijos.

Siempre   A veces   Raramente   Nunca

Creo es importante permitir que mi marido se sienta jefe, aunque yo planee la mayoría de las cosas.

Siempre   A veces   Raramente   Nunca

Las esposas de hoy no deberían obedecer realmente a sus maridos.

Siempre   A veces   Raramente   Nunca

Me gusta saber que mi marido es el cabeza de nuestra familia; ello me hace sentirme segura.

Siempre   A veces   Raramente   Nunca

Me gustaría que mi marido me ayudara más en la administración del dinero.

Siempre   A veces   Raramente   Nunca

Pedro habla a los maridos

El apóstol Pedro solamente dedica un breve párrafo —1.ª Pedro 3:7— para hablar a los maridos, pero en este párrafo da consejos muy valiosos. En realidad, Pedro da a los maridos tres principios para vivir conforme a ellos.

LAS ESPOSAS APRECIAN LA CONSIDE-RACION Y LA COMPRENSION

Primero: un marido debe ser comprensivo. Esto significa que debe escuchar de buen grado la opinión de su esposa. Ha de pensar con ella. Mostrarse sensible a su carácter, sentimientos e ideas. Tratar de descubrir las necesidades de su esposa a fin de satisfacerlas y hacer lo que sea mejor para ella. Aquí vemos cuán importante es la conducta generosa, tanto en el hombre como en la mujer.

Segundo: el marido ha de ser protector. Sabiendo que su esposa no es físicamente tan fuerte como él, el esposo cristiano no debe permitir que su mujer se sobreesfuerce. El sabe cuándo debe llevarla a cenar fuera o marcharse para el fin de semana sin los niños. (Esto es bueno para los dos.) El marido tampoco debe permitir que los hijos le falten el respeto a su madre. Trata a su mujer con respeto, amor y consideración y la protege de situaciones perjudiciales.

Tercero: Pedro dice a los maridos que recuerden que sus esposas tienen derechos espirituales idénticos a los suyos. Uno y otra son coherederos de la gracia de Dios. Dios ama a las mujeres tanto como a los maridos.

¿Qué ocurre si los maridos no siguen las instrucciones de 1.ª Pedro 3? Pedro explica una consecuencia significativa. Dice: «De lo contrario, no podréis orar.» En otras palabras, si sus relaciones no son buenas con los otros tampoco lo serán con Dios.

¿QUE PIENSA USTED? 9

(Sólo para maridos)

1. La Primera Epístola de Pedro 3:7 da sugerencias específicas sobre cómo el marido debe desempeñar su papel en las relaciones matrimoniales. Para aplicarse este pasaje a usted mismo, complete las siguientes frases:

Yo muestro consideración y comprensión a mi esposa por...

Yo honro y protejo a mi esposa...

Yo trato a mi esposa como mi igual espiritual por...

2. He aquí las tres manifestaciones clave que Pedro hace a los maridos. ¿Qué le dicen estas declaraciones sobre la adopción de decisiones en su matrimonio?

Sea comprensivo.

Sea protector.

Sepa que Dios ama a su esposa tanto como a usted.

3. Si es usted un protector comprensivo que sabe que Dios ama a su esposa tanto como a usted, ¿quiere ello decir que es usted quien debe tomar todas las decisiones en su familia? ¿Por qué? ¿Por qué no?

4. Si es usted marido, verifique los sentimientos que le atañen:

Yo escucho a mi esposa agradablemente.

    Siempre   A veces   Raramente   Nunca

Mi esposa tiene ideas ridículas.

    Siempre   A veces   Raramente   Nunca

Me gustaría que mi esposa escuchara más mis ideas.

    Siempre   A veces   Raramente   Nunca

Me temo que mi cometido como disciplinario haga que mis hijos me cojan ojeriza.

    Siempre   A veces   Raramente   Nunca

Preferiría no hablar sobre quién manda en mi casa.

    Siempre   A veces   Raramente   Nunca

Ciertas tareas hogareñas son exclusivamente femeninas y otras exclusivamente masculinas.

    Siempre   A veces   Raramente   Nunca

Comience a efectuar ciertos cambios... en usted

Advierta que en 1.ª Pedro 3:8, 9 el apóstol señala las características que forman parte de las relaciones matrimoniales cuando marido y mujer viven bajo las directrices divinas. Pedro dice: «Debéis ser como una gran familia feliz, llenos de mutua simpatía, amándoos el uno al otro con el corazón tierno y el pensamiento humilde.»

Lea estas normas de Pedro en su Primera Epístola pensando en usted. Compare las instrucciones de Pedro para el matrimonio con lo que ocurre en su propio hogar. ¿Es la esposa respetuosa y sumisa con las opiniones del marido? ¿Es éste cuidadoso, fuerte, reflexivo y amante y protege a su mujer de los continuos avatares de la vida? ¿Quién toma las decisiones? ¿Debe tomarlas todas el marido sin tratar de comunicarse o de compartir ideas?

Tal vez considere usted que se impongan ciertos cambios. O quizá le resulte más fácil ver los cambios que debería realizar su cónyuge. Pero ¿cómo debe empezar usted?

No empiece con su compañera.

Empiece con usted mismo.

«Antes de sustentar cualquier esperanza de cambiar a su cónyuge, usted necesitará efectuar algunos cambios cruciales.

»Puesto que el censurar y sugerir cambios sólo contribuye a aumentar los problemas, haciendo disminuir la comprensión, el amor y la convivencia, descarte la idea. Decídase a dar el amor más desinteresado posible... sin condiciones. Pero entonces, si no puede censurar y corregir al otro, ¿cómo procederá usted?

»Siendo una persona distinta. En vez de aceptar con reservas calladas o expresadas, acéptele a él o a ella genuinamente como prometió en aquella ceremonia celebrada tiempo ha. Nada significan las promesas si no devienen un sistema de vida, un compromiso cotidiano. Y sus promesas o votos no fueron educar, reformar y reestructurar a su cónyuge, sino amar. El compromiso crucial del matrimonio es el empeño de ser el consorte apropiado para la otra persona. Olvide si "encontró el consorte apropiado". ¿Cómo podía saberlo entonces? ¿Quién podía decirlo? ¿Y qué más da si descubrió o no la-perfecta-exacta-apropiada-persona-para-toda-la-vida?

»¿Qué clase de persona es usted? ¿Acaso se compromete a ser el cónyuge perfecto aquí y ahora? Haz esto, sé aquello, y el cambio se efectuará, casi instantáneamente, para bien de los dos.»

¿CUAL ES SU PLAN?

Si estudia usted este libro en unión de su esposa, pueden obtener mejores resultados completando el siguiente cuestionario individualmente y discutiendo luego, juntos, las respuestas. Al comparar ideas, sentimientos y actitudes, alcanzarán nuevos niveles de comunicación y entendimiento en su matrimonio.

Hagan tiempo esta semana para estudiar 1.ª Pedro 3:1-9. Lean el pasaje dos o tres veces y anoten las palabras o frases que les parezcan especialmente significativas. Completen luego lo que sigue en una agenda personal:

1. Describa la conducta o actitud que usted quiere cambiar (por ejemplo: querer decir la última palabra, querer llevar a cabo todas o las principales decisiones, creyendo que su sistema es realmente mejor, etc.).

2. Enumere varias razones para renunciar a esta conducta o actitud. ¿Qué significaría para usted personalmente este cambio?

3. La motivación del cambio es muy importante. De entre sus razones para renunciar a esta conducta o actitud, *seleccione la más importante*. Escriba debajo.

4. Empiece a pensar *cómo* cambiaría su conducta si quiere que esto suceda. Anote estas ideas a continuación.

5. Adopte una actitud positiva. ¿Cuál ha sido su actitud en el pasado con respecto a este cambio? Describa. ¿Cómo mantendrá su nueva actitud? Anote debajo.

6. Muchas veces, cuando usted elimina una conducta o actitud que le desagrada, queda un vacío. A menudo, una persona prefiere la conducta mala o pobre a esta vaciedad, de manera que vuelve a las andadas. A fin de que esto *no* ocurra, decida qué *conducta positiva* quiere adoptar en lugar de la negativa a la que renuncia. Describa esta actitud positiva.

7. Recurra a la Biblia, que le ayudará en este problema, y busque versículos apropiados al cambio propuesto. Lea Efesios 4:31, 32. Elija cada palabra o frase que le anime o le dé una norma específica. Para estímulo, lea Filipenses 4:13, 19.

¿qué es lo que dijiste?

Leyendo este capítulo descubrirá:

— por qué la comunicación puede ser tal problema;

— que la comunicación es más que hablar;

— escuchar es una parte esencial para construir poderosas líneas de comunicación en un matrimonio;

— las valiosas normas bíblicas para la comunicación;

— cómo los esposos se frustran mutuamente (y cómo evitarlo);

— sistemas específicos para perfeccionar su práctica en la comunicación.

«Pero ¿por qué no podemos comunicarnos?»

Esta es una pregunta familiar, especialmente para muchos maridos y esposas. Pero antes de preguntar «¿Por qué no hay comunicación?», tome tiempo para preguntarse a sí mismo: «¿Qué significa la palabra comunicación para mí?»

¿QUE PIENSA USTED? 10

Mi definición de la comunicación es...

La comunicación es un proceso

Existen muchas definiciones para la comunicación. Una definición muy simple es que se trata de un proceso (verbal o no) de compartir información con otra persona de tal manera que ella comprenda lo que usted dice. *Hablar, escuchar* y *comprender* están relacionados con el proceso de comunicación.

Uno de los problemas clave es hacerse entender. (Vea la ilustración de esta página.) Con frecuencia *creemos* entender lo que está diciendo nuestro cónyuge, pero muchas veces lo que oímos no es lo que

YA SE QUE ENTENDISTE LO QUE TU TE IMAGINAS QUE QUISE DECIR, PERO NO ESTOY TAN SEGURO QUE ENTENDIERAS LO QUE REALMENTE DIJE.

él o ella quiere manifestar. Tengamos en cuenta, en primer lugar, ¡que ni siquiera nuestras esposas pueden estar seguras de lo que quieren decir!

Cuando usted se detiene a pensar sobre todo lo concerniente a transmitir su mensaje, resulta aparente por qué los malentendidos se producen con tanta frecuencia. Los especialistas en comunicación indican que cuando usted habla con otra persona hay seis mensajes que pueden transmitirse.

1. Lo que usted quiere decir.
2. Lo que usted dice realmente.
3. Lo que su interlocutor oye.
4. Lo que su interlocutor cree que oye.
5. Lo que su interlocutor dice sobre lo que usted dijo.
6. Lo que usted cree que su interlocutor dijo acerca de lo que dijo usted.

¿Desalentador? Puede. Pero ello ilustra por qué la comunicación es a veces una tarea difícil. Queremos que la otra persona no solamente escuche, sino que nos comprenda. El viejo refrán: «Di lo que piensas y piensa lo que dices», es un valioso objetivo, pero no siempre fácil de lograr.

¿QUE PIENSA USTED? 11

He aquí tres preguntas que le ayudarán a pensar en usted como comunicante.

1. ¿Le resulta difícil la comunicación con su cónyuge?

Frecuentemente   A veces   Casi siempre

2. ¿Parece tener su cónyuge dificultades para comprender lo que usted dice?

Frecuentemente   A veces   Casi siempre

3. ¿Qué cree usted que diría su cónyuge sobre su habilidad para la comunicación?

Grande   Así, así   Imposible

Para comunicarse: Escuchar más, hablar menos

En su libro *Herein Is Love*, Reuel Howe dice: «Si existe alguna perspectiva indispensable con la cual deben comenzar su vida juntos una joven pareja, ésta consiste en que ambos deben intentar, a toda costa, mantener las líneas de comunicación entre ellos.»

Desgraciadamente, no es nada raro que las líneas de comunicación se rompan. Estas roturas son a veces debidas a que el marido y/o la mujer no quieren o no pueden hablar de lo que ocurre en sus vidas. Pero este mismo resultado se produce a menudo cuando los componentes del matrimonio no escuchan atentamente cuando habla el otro. No pueden existir sólidas líneas de comunicación si no se escucha con la atención debida.

Alguien ha sugerido que escuchar atentamente con la boca cerrada es una básica habilidad comunicativa necesaria en el matrimonio. Piense en su propia norma de comunicación. ¿Escucha usted? ¿Cuánto oye usted de lo que se dice? Se estima que una persona suele oír solamente el 20 por ciento de lo que se habla. ¿Qué hace falta para escuchar con eficacia?

Escuchar eficazmente significa que cuando alguien habla usted no está pensando en lo que va a

decir cuando el otro termine. Por el contrario, usted
debe captar todo cuanto dice su interlocutor. Como
Paul Tournier manifiesta: «Qué experiencia tan hermosa, grande y liberadora representa el que la gente
aprenda a escuchar a los demás. Resultaría imposible subrayar hasta qué punto necesitan los humanos
que se les escuche realmente.»

Escuchar es algo más que esperar cortésmente a
que nos toque hablar. Es algo más que oír palabras.
Escuchar de veras es recibir y aceptar el mensaje
cuando nos lo envían, tratar de comprender lo que la
otra persona quiere decir. Cuando esto sucede, usted
no se limita a decir: «Le escucho.» Usted puede decir: «Comprendo el significado de sus palabras.»

Aunque el escuchar se considera generalmente
como una parte pasiva de la comunicación, en realidad no es así. Escuchar sensatamente es llegar
hasta nuestro interlocutor, preocuparse activamente
por lo que dice y por lo que quiere decir.

En su libro *After You've Said I Do,* Dwight Small
señala que escuchar no resulta fácil ni natural para
la mayoría de la gente. Nuestra preferencia innata
no es escuchar. A muchas personas, lo que les gusta
es hablar. Preferimos expresar nuestras ideas, pues
nos sentimos más cómodos sentando nuestra postura,
confirmando nuestras opiniones y sentimientos. En
realidad, a muchos no les gusta tanto escuchar como
hablar y ser oídos. Es debido a esto que nos concen-
tramos más en intervenir en la conversación que en
prestar plena atención a lo que dice el otro. También,
y con frecuencia, pasamos las observaciones de los
demás por el tamiz de nuestras propias opiniones y
necesidades.

Por ejemplo, una esposa dice que está cansada
de las tareas domésticas. El marido oye lo que ella
dice, pero el mensaje que recibe es interpretado como
que la mujer se siente desgraciada porque no tiene

la ayuda de que dispone su madre. Esto no es lo que la mujer piensa, pero es lo que el marido oye. Desde que se casaron, a él le ha fastidiado el no poder proporcionarle a su esposa la ayuda que su suegro le proporciona a su suegra. Es fácil constatar cómo el mensaje ha sido falsamente interpretado. Los mensajes «filtrados» o «tamizados» raramente son exactos y se prestan a muchos malentendidos.

Cuando el marido y la mujer reconocen la importancia de escuchar objetivamente, prestándose mutua atención, están tomando grandes medidas para construir poderosas líneas de comunicación.

¿QUE PIENSA USTED? 12

¿Cómo se describiría usted a sí mismo como oyente?

1. Cuando su cónyuge le habla, ¿le resulta difícil prestar atención al asunto e impedir que su mente divague por otros derroteros?

Sí   No   A veces

2. Cuando su cónyuge habla, ¿se limita a escuchar o trata de comprender lo que él (o ella) siente?

Sí   No   A veces

3. Algunas de las palabras o frases que dice su cónyuge, ¿le perjudican hasta el extremo de no escuchar objetivamente aquello que se le dice?

Sí   No   A veces

4. Cuando usted se siente de mal humor por lo que dice su cónyuge, ¿intenta aclarar inmediatamente la cuestión o «deja la cosa» como está?

Sí   No   A veces

5. Si considera que le cuesta mucho tiempo y esfuerzo comprender algo, ¿se sale por la tangente para no seguir escuchando?

Sí   No   A veces

6. Cuando su cónyuge le habla, ¿intenta hacerle comprender que le presta atención cuando en realidad no es así?

Sí   No   A veces

7. Cuando usted escucha a otra persona, ¿le distraen fácilmente imágenes y sonidos exteriores, como por ejemplo el televisor?

Sí   No   A veces

Verifique sus respuestas. ¿Le dan ellas alguna pista para mejorar su conducta como oyente?

La Biblia habla de la palabra poder

Los niños que van a la escuela tardan poco en aprender que «la palmeta del maestro les hace daño, pero no las palabras que éste pueda dirigirles». Sin embargo, la experiencia enseña que esto es falso. Las palabras pueden hacer daño a una persona. La Biblia reconoce este hecho y habla de la palabra poder tanto en el Antiguo como en el Nuevo Testamento.

Proverbios 18:21 manifiesta lo que muchos han descubierto. *La muerte y la vida están en poder de la lengua.* Proverbios 26:22 también dice, refiriéndose a la verdadera influencia de las palabras sobre una persona: *Las palabras del chismoso son como bocados suaves, y penetran hasta las entrañas.* Esto era lo que Job experimentaba cuando gritó, decep-

FILTRAMOS LO QUE OIMOS A TRAVES DE NUESTROS SENTIMIENTOS

cionado: *¿Hasta cuándo angustiaréis mi alma, y me moleréis con palabras?* (Job 19:2).

Santiago 3:2-10 habla sobre el poder de las palabras y de por qué es tan importante controlar la lengua. Aquí hay indudablemente ideas para mejorar la comunicación en un matrimonio:

Si alguno no ofende en palabra, éste es varón perfecto, capaz también de refrenar todo el cuerpo.

He aquí nosotros ponemos freno en la boca de los caballos para que nos obedezcan, y dirigimos así todo su cuerpo.

Mirad también las naves; aunque tan grandes, y llevadas de impetuosos vientos, son gobernadas con un muy pequeño timón por donde el que las gobierna quiere.

Así también la lengua es un miembro pequeño, pero que se jacta de grandes cosas. He aquí, ¡cuán grande bosque enciende un pequeño fuego!

Y la lengua es un fuego, un mundo de maldad. La lengua está puesta entre nuestros miembros, y contamina todo el cuerpo, e inflama la rueda de la creación, y ella misma es inflamada por el infierno.

Porque toda naturaleza de bestias, y de aves, y de serpientes, y de seres del mar, se doma y ha sido domada por la naturaleza humana;

pero ningún hombre puede domar la lengua, que es un mal que no puede ser refrenado, llena de veneno mortal.

Con ella bendecimos al Dios y Padre, y con ella maldecimos a los hombres, que están hechos a la semejanza de Dios.

De una misma boca proceden bendición y maldición. Hermanos míos, esto no debe ser así.

Santiago compara el poder de la lengua al timón de un barco en cuanto a fuerza se refiere. Comparativamente hablando, el timón es una parte pequeña de la nave, pero sin embargo puede hacerla girar en cualquier dirección y controlar su rumbo. Lo que el marido y la mujer se dicen entre sí puede hacer virar su matrimonio en distintas direcciones (y a veces es la causa de que se pierdan en un círculo vicioso).

Al continuar subrayando la potencia de la lengua, Santiago habla del daño que puede causar y la compara a una llama. Bosques inmensos pueden ser devastados por una simple chispa. Del mismo modo, un matrimonio puede ser dañado y en algunos casos incluso «incendiado» por una observación.

Las palabras se propagan como el fuego. ¿Ha intentado usted alguna vez detener un rumor? Intentó, acaso, detener la propagación de un asunto desagradable después que fue dado a conocer? ¡Imposible! ¿Quién puede retirar las palabras o borrar lo que ya se ha oído?

Prosigue Santiago haciendo hincapié sobre la dificultad de controlar la lengua cuando escribe que la ingenuidad del hombre ha logrado domar casi toda clase de criatura viviente; sin embargo, ha fracasado en domar su propia lengua. Según el diccionario, «domar» significa «sujetar», «controlar», «hacer dócil». El hombre no ha conseguido hacer eso con su lengua en un nivel apreciable.

Cada persona debe ser responsable del entrenamiento de su propia lengua. Controlar la lengua ha de ser el objetivo continuado de todo matrimonio, porque *todo cuanto* se dice ayuda o... estorba; cura o... hiere; edifica o... destruye.

Según la Biblia, el marido o la mujer que se limita a soltar lo que lleva dentro sin pararse a pensar en las consecuencias, va por muy mal camino: *¿Has visto hombre ligero en sus palabras? Más esperanza hay del necio que de él* (Proverbios 29:20).

Primera de Pedro 3:10 lo resume muy bien: *El que quiere amar la vida y ver días buenos, refrene su lengua...* Controlar la lengua no es algo fácil de conseguir por nuestros propios medios, pero el cristiano que depende del Espíritu Santo para que le enseñe y le guíe dispone de una ayuda y de una fuerza superiores con mucho a las suyas. ¿Recuerda cuán agradable resulta cuando sostiene usted una conversación edificante con su cónyuge? Usted se concentra en elegir las palabras justas y apropiadas para la ocasión y el propósito. Y su cónyuge hace otro tanto. El resultado es que entrambos crean una situación mutuamente agradable. Proverbios 25:11 describe la belleza de tal momento: *Manzana de oro con figuras de plata es la palabra dicha como conviene.* Y Proverbios 15:23 dice: *Y la palabra a su tiempo, ¡cuán buena es!*

La Biblia también ofrece indicaciones sobre cómo escuchar. El arte de la elocuencia no es todo lo que se requiere para hacer de una persona un comunicante eficaz. Alguien dijo, con mucho ingenio por cierto, que el Señor creó al hombre con una boca y dos orejas, queriendo indicar tal vez que deberíamos oír más que hablar.

Proverbios 18:13 da una razón importante para escuchar atentamente: *Al que responde palabra antes de oír, le es fatuidad y oprobio.* Según las Escrituras, escuchar significa tomarse tiempo para conocer la situación antes de sacar conclusiones (y no romper a hablar trabándose la lengua).

En Santiago 1:19 se le dice al cristiano que *sea pronto para oír* o, como se dice en la versión *Ampliada: que sea un oyente atento.* Muchos de nosotros estamos siempre dispuestos a hablar, pero tenemos pocos o ningún deseo de escuchar. Sin embargo, una de las claves de un matrimonio logrado es *querer* escuchar a su consorte. Usted debe esforzarse en escuchar.

Sin duda alguna, escuchar requiere un esfuerzo, pero al mismo tiempo nos libera de nosotros mismos y de nuestros intereses y nos posibilita para captar lo que la otra persona tiene que decir. En infinidad de casos, la comunicación se interrumpe en un matrimonio porque cada uno de los cónyuges, absorbidos y esclavizados por sus propios intereses e ideas, no atina a tratar de comprender al otro. Y, naturalmente, el resultado es que el otro no le comprende a él. Pero cuando marido y mujer empiezan a escucharse mutuamente se produce un hecho asombroso: ambos empiezan también a comprenderse.

Una de las dificultades que entraña el escuchar es que uno de los consortes trata de anticiparse al otro. Es fácil suponer que usted sabe lo que su esposa va a decir, de manera que la interrumpe y termina su frase o su idea con algo que ella no pretendía decir en absoluto. Frecuentemente, el marido o la mujer lanza una opinión que nada tiene que ver con lo que el otro pretende. En esto pensaba el autor de Proverbios cuando dijo: *¡Qué estupidez decidir antes de conocer los hechos!* (Proverbios 18:13, TLB o *The Living Bible*).

Para comprender: ¡Comunicarse!

En su libro *The Art of Understanding Your Mate*, Cecil Osborne sugiere varios sistemas mediante los cuales hombres y mujeres frustran mutuamente sus relaciones matrimoniales. Por ejemplo, las mujeres frustran a sus maridos «tomando posesión» y asumiendo dominio o propendiendo a la discusión emocional. Los hombres también se decepcionan cuando las mujeres se niegan a abandonar los sueños románticos de la adolescencia.

Los hombres, en cambio, decepcionan a sus esposas al no llegar a comprender las un tanto volátiles emociones de éstas. La mujer suele tener caprichos raros y puede sentirse deprimida o feliz por cosas que no afectan profundamente al hombre. La mujer también se siente frustrada cuando el hombre considera como «pequeñeces» cosas que para ella son «importantes». Por ejemplo, actividades externas del marido, como deportes, aficiones e incluso el trabajo, son frecuentemente fuentes de frustración para las esposas.

Pero, como indica Osborne, la principal causa de frustración para las esposas es *que los hombres no se comunican con ellas o no las escuchan.* Y, a fuer de sinceros, éste puede ser también el caso de las mujeres con respecto a los maridos.

Una fuente adicional de frustración es que, con demasiada frecuencia, los maridos y las mujeres se concentran en el aspecto parlante de la conversación porque están excesivamente preocupados en exponer sus ideas. Al hacer esto no consiguen escuchar a la otra parte; ni el marido ni la mujer tienen verdadera idea sobre lo que el otro dice o siente. Hablan, hablan, pero ¿de veras dicen algo? ¿U oyen algo? Muchas conversaciones están presididas por respuestas como «ya», «sí», «vale», y cinco minutos después ni él ni ella saben lo que pasó.

Semejante falta de comunicación puede originar serios problemas matrimoniales. En efecto, muchos consejeros dicen que el problema número uno en el matrimonio es una comunicación pobre.

El matrimonio es una relación íntima basada en el entendimiento mutuo, pero si usted quiere entenderse con una persona debe poder comunicarse con ella. El marido y la mujer pueden llegar a saber mucho el uno del otro sin conocerse realmente a fondo. La comunicación es el proceso que permite a la gente conocerse, relacionarse y comprender el verdadero significado de la vida de nuestros semejantes.

¿CUAL ES SU PLAN?

Si estudia usted este libro en unión de su esposa, pueden obtener mejores resultados completando el siguiente cuestionario individualmente y discutiendo luego, juntos, las respuestas. Al comparar ideas, sentimientos y actitudes, alcanzarán nuevos niveles de comunicación y comprensión en su matrimonio.

1. Haga un círculo en torno a la frase que usted cree describe la cualidad de comunicación en su matrimonio.

   a. no necesita mejora;

   b. altamente efectiva;

   c. satisfactoria;

   d. inconsistente;

   e. superficial;

   f. decepcionante;

   g. altamente inadecuada.

   Ahora repase y subraye la frase que usted supone que eligiría su esposa.

2. Enumere tres cosas que *usted* puede realizar para mejorar la comunicación entre usted y su mujer. Planeo perfeccionar nuestra comunicación mediante:

   a.

   b.

   c.

   Empezaré a llevar a cabo estas tres cosas (*fecha*) .... (*hora*) ....

3. Concierte una «cita» con su esposa cuando puedan sentarse (quizá delante de una taza de café) y planear juntos cómo pueden perfeccionar su comunicación.

(fecha) .... *(hora)* ....

Mientras hacen sus planes en conjunto, asegúrense de completar los puntos siguientes:

a. Discutan sus respuestas a la pregunta 1 en cuanto a la cualidad de comunicación en su matrimonio.

b. Discutan igualmente sus respuestas a la pregunta 2 en cuanto a su plan para mejorar la comunicación. Pida la opinión de su cónyuge para ver si su sugerencia perfeccionará realmente la comunicación. Caso contrario, emitan ideas alternas que merezcan la aprobación de ambos.

c. Comprométanse a seguir sus planes de perfeccionamiento comunicativo y aténganse a ellos al menos durante una semana.

d. Señalen una fecha (seis o siete días) a partir de este momento para reunirse nuevamente y evaluar el éxito de sus planes. De ser necesario, revísenlos entonces y repitan el proceso hasta que ambos comprendan que la comunicación entre ustedes va mejorando.

¿por qué no podemos hablar de ello?

Leyendo este capítulo descubrirá:

— cuatro impedimentos para la comunicación;

— que nos comunicamos en cinco niveles distintos, desde la conversación estereotipada a la sinceridad;

— que las Escrituras enseñan una relación definida entre la propia aceptación (mediante el amor de Dios) y el deseo de aceptar a los otros y comunicarnos con ellos;

— que la comunicación con Dios es vital para comunicarnos con los demás;

— cómo planear métodos específicos para perfeccionar la comunicación con Dios y con el prójimo.

«¡No quiero hablar de eso!» ¿Oyó esta frase alguna vez en boca de su cónyuge? ¿Nunca la emplea usted mismo cuando se le acaba la paciencia (o las ideas) sobre lo que va a decir?

Existen razones básicas por las cuales muchos de nosotros no podemos «llegar» o los demás no pueden «llegar» a nosotros. Y existen básicos principios bíblicos que nos ayudarán a comunicarnos más efectivamente.

Razones para la falta de comunicación

¿Por qué no se comunica alguna gente? A menudo tienen impedimentos básicos o debilidades como éstas:

1. Algunas personas carecen de habilidad para hablar con otras. Nunca han aprendido cómo departir abiertamente con alguien y tienen dificultad en combinar las palabras.

2. Otras temen exponer lo que sienten o piensan. No quieren correr el riesgo de ser rechazadas o heridas si alguien no está de acuerdo con ellas. Es algo así como una protección instintiva. La habilidad para la comunicación no se pierde cuando el matrimonio se aparta; lo que cambia es el deseo de comunicarse. Cuando el hombre o la mujer no quieren comprender o ser comprendidos, entonces se agranda la distancia.

3. Ciertas personas creen que el hablar no conduce a nada; así pues, ¿por qué molestarse? Son incapaces de llegar a la otra persona, de manera que abandonan el intento.

4. Hay quienes creen que nada tienen que ofrecer como personas y que sus ideas carecen de valor. Estos individuos poseen lo que se llama una pobre imagen de sí mismos y, por consiguiente, se guardan

sus comentarios e ideas o sentimientos personales. Tienen dificultad en autoaceptarse.

En ocasiones es fácil identificar los obstáculos para la buena comunicación, pero otras veces se trata de una compleja mezcla de razones que resulta difícil vencer. Recuerde una situación en que usted y su cónyuge no pudieron comunicarse. ¿Cuál fue la verdadera razón?

¿QUE PIENSA USTED?   13

1. ¿Qué razón aduce usted para la falta de comunicación?
   - [ ] no puedo hablar con los otros;
   - [ ] temo exponer mis pensamientos;
   - [ ] pienso: «¿para qué molestarme?»;
   - [ ] mis ideas no valen la pena.

2. ¿Qué razón aplicaría usted a su cónyuge para la falta de comunicación?
   - [ ] no puedo hablar con los otros;
   - [ ] temo exponer mis pensamientos;
   - [ ] pienso: «¿para qué molestarme?»;
   - [ ] mis ideas no valen la pena.

3. Quizá tenga usted otra razón para no querer comunicarse. En tal caso, descríbala en diez palabras o menos.

Los cinco niveles de comunicación

En su excelente libro *Why I am Afraid to Tell You Who I Am?*, John Powell asegura que nos comunicamos al menos en cinco niveles diferentes, desde la conversación estereotipada hasta la sinceridad. Obstáculos como el temor, la apatía o la pobre imagen de sí mismo nos mantienen en el nivel bajo, pero si nos liberamos de nuestras debilidades podemos avanzar hasta niveles más profundos y significativos.

Los cinco niveles de comunicación de Powell incluyen:

Nivel cinco: Conversación estereotipada. Este tipo de charla es muy seguro. Empleamos frases como «¿Qué tal?», «¿Cómo está su familia?», «¿Dónde estuvo usted?», «Me gusta su traje». En este género de conversación no hay nada personal que compartir. Cada cual se protege detrás de su escudo.

Nivel cuatro: Hablar de los otros. En esta clase de charla nos contentamos con transmitir a los demás lo que otro ha dicho, pero sin ofrecer ningún comentario personal a los hechos. Nos limitamos a informar como lo haría el parte de noticias de TV. Intercambiamos habladurías y chismes, pero sin comprometernos en lo que sentimos al respecto.

Nivel tres: Mis ideas y juicios. Aquí es donde se inicia la comunicación real. La persona quiere salir de su confinamiento solitario y se arriesga a comunicar sus ideas y decisiones. Existe la cautela, sin embargo, y si la persona nota que aquello que dice no se acepta, dará marcha atrás.

Nivel dos: Mis sentimientos y emociones. Ahora la persona dice lo que siente sobre hechos, ideas y juicios. Los sentimientos que yacen bajo estas áreas quedan revelados. Si una persona quiere sincerarse con otra debe alcanzar el nivel de compartir sentimientos.

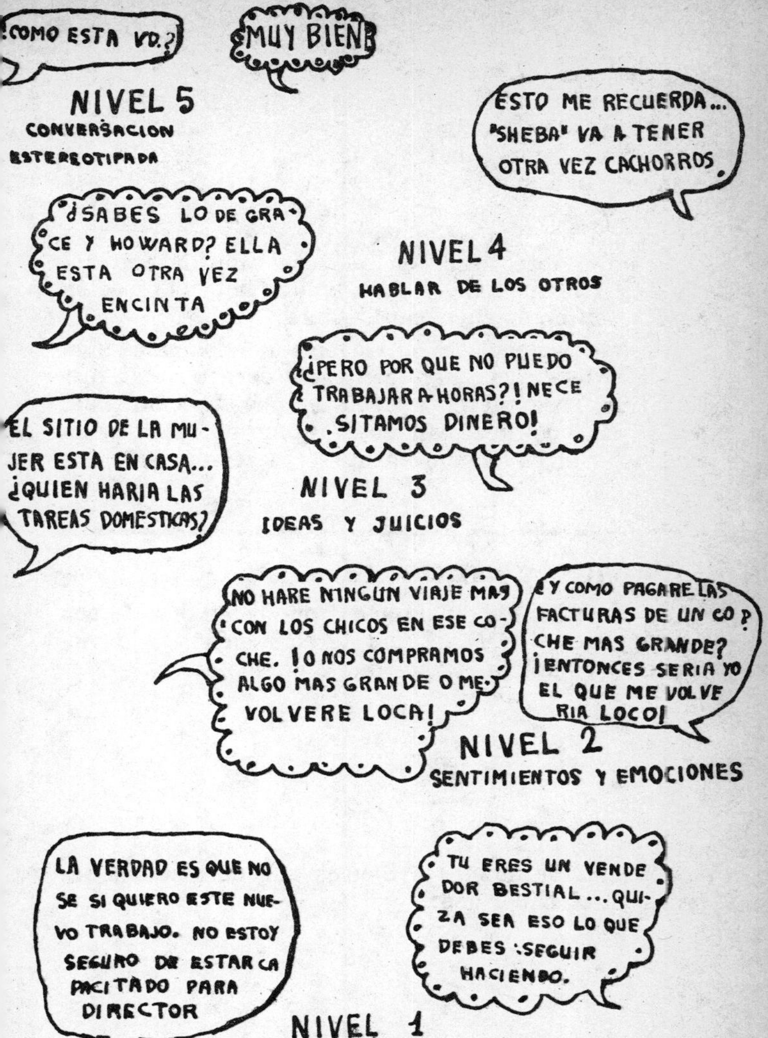

¿COMO ESTA VD.?
MUY BIEN
ESTO ME RECUERDA... "SHEBA" VA A TENER OTRA VEZ CACHORROS
NIVEL 5
CONVERSACION ESTEREOTIPADA
¿SABES LO DE GRACE Y HOWARD? ELLA ESTA OTRA VEZ ENCINTA
NIVEL 4
HABLAR DE LOS OTROS
¡PERO POR QUE NO PUEDO TRABAJAR A HORAS?! ¡NECESITAMOS DINERO!
EL SITIO DE LA MUJER ESTA EN CASA... ¿QUIEN HARIA LAS TAREAS DOMESTICAS?
NIVEL 3
IDEAS Y JUICIOS
NO HARE NINGUN VIAJE MAS CON LOS CHICOS EN ESE COCHE. ¡O NOS COMPRAMOS ALGO MAS GRANDE O ME VOLVERE LOCA!
¿Y COMO PAGARE LAS FACTURAS DE UN COCHE MAS GRANDE? ¡ENTONCES SERIA YO EL QUE ME VOLVERIA LOCO!
NIVEL 2
SENTIMIENTOS Y EMOCIONES
LA VERDAD ES QUE NO SE SI QUIERO ESTE NUEVO TRABAJO. NO ESTOY SEGURO DE ESTAR CAPACITADO PARA DIRECTOR
TU ERES UN VENDEDOR BESTIAL ...QUIZA SEA ESO LO QUE DEBES SEGUIR HACIENDO.
NIVEL 1
COMUNICACION COMPLETA, SINCERA
NOS COMUNICAMOS A NIVELES DIFERENTES

Nivel uno: Comunicación completa, emocional y personal. Todas las relaciones estrechas, especialmente las del matrimonio, *deben* estar basadas en una abierta sinceridad y franqueza. Puede que ello resulte difícil, por cuanto implica un riesgo, el riesgo de ser aceptado a causa de la sinceridad, pero es vital para que las relaciones se estrechen en el matrimonio. Habrá veces en que este tipo de comunicación se lleve a cabo y otras en que la comunicación no sea tan completa como debiera.

Se han sugerido cinco niveles de comunicación. Sólo usted sabe en cuál de ellos se desarrolla su matrimonio. Pregúntese: «¿Cómo *es* nuestra comunicación? ¿En qué nivel estamos? ¿Cómo podemos avanzar hacia el Nivel uno en nuestras relaciones?»

¿QUE PIENSA USTED? 14

1. Escriba sujetos o tópicos que usted discute con su cónyuge en el Nivel uno de comunicación: comunicación completa, emocional y personal:

2. Escriba sujetos o tópicos que no discuten ustedes en el Nivel uno:

3.   ¿Qué le impide la comunicación sobre ciertos tópicos en el Nivel uno?

4.   ¿Qué opina que puede hacerse para remediarlo? Enumere lo que puede hacer para ayudar a su compañero/a a relacionarse más profundamente con usted.

¿Qué hay sobre la comunicación con Dios?

Hemos estado hablando sobre la comunicación, especialmente en lo que concierne a marido y mujer. Pero ¿qué hay de la comunicación con Dios? ¿Somos sinceros en presencia de Dios o utilizamos el Nivel cuatro o el cinco para la comunicación en este sentido? ¿Nos relacionamos con El? ¿Somos nosotros quienes hablamos o nos sentamos a escuchar?

Nos damos cuenta de que en el matrimonio cristiano hay tres personas implicadas: Dios, marido y mujer. Como puede ver en el diagrama tenemos un triángulo con Dios en la parte superior, en el centro. También puede ver la palabra comunicación entre

MANTENGA TODAS LAS LINEAS ABIERTAS

cada uno de los miembros. Si se produce un fallo de comunicación entre uno de los miembros y Dios, ello afectará la comunicación entre dicha persona y su cónyuge. Si el fallo se produce entre esta persona y su cónyuge, ello afectará la comunicación entre ella y Dios. Las líneas de comunicación entre Dios y su compañero/a deben estar abiertas, y usted debe procurar que se mantengan siempre así. Un escritor ha sugerido que «las líneas abiertas a Dios se abren invariablemente al matrimonio, pues una persona no puede estar genuinamente abierta a Dios y cerrada a su cónyuge... Dios completa Su designio para el matrimonio cristiano cuando las líneas de comunicación se abren primero para El».

¿Qué es lo que realmente faculta a una persona para abrir su vida a otra y llegar hasta ella y amarla? Antes de que podamos amar a alguien debemos haber tenido dos experiencias básicas en nuestra vida. En primer lugar debemos haber experimentado amor provinente de alguien y luego debemos amar a nuestra vez. Pero ¿qué ocurre si crecemos sin haber experimentado el verdadero amor incondicional que es necesario para que nosotros empecemos a amar? ¿Cómo podemos empezar a amar a los otros y a nosotros mismos cuando somos adultos? ¿Es ello realmente posible o nos estamos engañando? Descubrimos que es posible experimentar este amor incondicional... ¡provinente de Jesucristo! Juan, llamado con frecuencia el apóstol del amor, lo explica así:

9. *En esto se mostró el amor de Dios para con nosotros, en que Dios envió a su Hijo unigénito al mundo, para que vivamos por él.*

10. *En esto consiste el amor: no en que nosotros hayamos amado a Dios, sino en que él nos amó a nosotros, y envió a su Hijo en propiciación por nuestros pecados.*

11. *Amados, si Dios nos ha amado así, debemos también nosotros amarnos unos a otros.*

18. *En el amor no hay temor, sino que el perfecto amor echa fuera el temor...*

19. *Nosotros le amamos a él, porque él nos amó primero* (1.ª Juan 4:9, 10, 11, 18, 19).

La facultad de amarse a sí mismo y de amar a los demás es el resultado de que Dios haya venido hasta nosotros y nos haya amado primero. Cuando aceptamos el perdón de Dios sentimos Su amor. Mas para muchos es aquí donde se produce la confusión. Dios no causa problemas, somos nosotros quienes los creamos. Nosotros, en el fondo, no creemos realmente que Dios nos acepte, y el resultado es que tampoco nos aceptamos a nosotros mismos.

Pero si la Biblia dice claramente que Dios nos perdona y acepta, ¿por qué seguimos rechazándonos a nosotros mismos? ¿Por qué rechazar lo que Dios ha aceptado? Y Dios no sólo nos acepta, *sino que lo hace incondicionalmente.* Dios no pone trabas a nuestras relaciones con El; así, ¿por qué hemos de ponerlas nosotros? ¿Por qué no bajamos nuestra guardia en cuanto a Dios se refiere? Relájese en Su presencia, y su confianza en usted —así como en El— aumentará.

Como Juan indica: *En el amor no hay temor, sino que el perfecto amor echa fuera el temor...* (1.ª Juan 4:18). Así pues, no tema. Deje que Dios le ame a Su manera, sin condiciones, sin perfeccionamientos por parte de usted para hacerse «digno» del amor de Dios. Si usted intenta «modelarse» para Dios y ser «digno de amor», entonces practica con El el mismo juego que con los otros, especialmente con su cónyuge. Usted se ha fijado una medida de lo que cree amable, y cuando no alcanza esta medida, o es su cónyuge quien no lo consigue, se enfría, titubea o se enfurece. El miedo echa fuera, o suprime, el amor que usted quiere tener para sí y para los otros.

¿QUE PIENSA USTED?   15

Analice hasta qué punto acepta lo que Dios ha hecho por usted y qué siente El para con usted, completando las siguientes manifestaciones de elección múltiple. No elija respuestas porque la parezcan «correctas». Elija, por el contrario, respuestas que encajen realmente con sus sentimientos.

1. Yo pienso en Dios como
   - [ ] un poder distante;
   - [ ] mi amigo;
   - [ ] mi agente de policía;
   - [ ] mi ....

2. Cuando oro me siento
   - [ ] relajado y cerca de Dios;
   - [ ] tenso e indeciso;
   - [ ] temeroso de que Dios esté disgustado conmigo;
   - [ ] ....

3. Yo, como cristiano,
   - [ ] trato de ser mejor para merecer el amor de Dios;
   - [ ] creo que Dios no puede amarme por mi forma de actuar;
   - [ ] me siento desgraciado por no pertenecer a la familia de Dios;
   - [ ] ....

4. Describa a una persona digna de amor en veinticinco palabras o menos. ¿Cómo describiría Dios a
una persona digna de amor? ¿Cómo describiría El
a una persona indigna de amor?

NOS COMUNICAMOS
ACEPTAMOS A LOS DEMAS
NOS ACEPTAMOS A SI MISMOS
CRISTO NOS HA ACEPTADO
CRISTO NOS HA ACEPTADO
NOS ACEPTAMOS A SI MISMOS
ACEPTAMOS A LOS DEMAS
NOS COMUNICAMOS

Puertas a la comunicación

Cuando usted se abre a Dios, descubrirá una nueva habilidad para abrirse a los demás. Usted podrá comunicar a los niveles más profundos descritos en este capítulo. Vea:

1. Cristo nos acepta.
2. Nosotros aceptamos el amor de Cristo.
3. Nos aceptamos a nosotros mismos.
4. Aceptamos a los otros.
5. ¡Nos comunicamos! (Vea la ilustración.)

El amor de Cristo y su aceptación de nosotros nos da confianza para relacionarnos con los otros. El nos acepta con nuestros fallos y defectos y ve el gran potencial que yace en nuestro interior. Si Dios nos acepta, podemos aprender a aceptarnos a nosotros mismos. Cuando hacemos esto y desarrollamos una mejor autoimagen, aprendemos a aceptar al prójimo. ¡Jesucristo nos proporciona el medio de avanzar hasta el primer nivel de comunicación!

¿CUAL ES SU PLAN?

Si usted estudia este libro sólo puede obtener los mejores resultados completando el siguiente cuestionario individualmente y discutiendo luego las respuestas con su cónyuge. Al comparar ideas, sentimientos y actitudes, alcanzarán nuevos y profundos niveles de comunicación y entendimiento.

Elija tres de las ideas siguientes y experiméntelas durante la próxima semana.

1. Decida si, en sus relaciones con su esposo/a, existen áreas que podrían mejorarse si usted quisiera sincerarse (Nivel dos de comunicación). Elija un

tema que desee discutir con su cónyuge y exponga sus
verdaderos sentimientos. Busque el momento apropiado y dígale que quiere sincerarse sobre algo porque cree que esto le ayudará a sentirse mejor.

2.   Decida si, en sus relaciones con Dios, existen
áreas que podrían perfeccionarse si usted quisiera
decirle lo que de verdad siente. (¡El lo sabe de todos
modos!) Haga un poco de tiempo esta semana para
confesarle a Dios sus sentimientos respecto a usted
mismo y respecto a El.

3.   Comente con su esposo/a lo que él o ella siente
respecto a Dios. Si sus ideas no concuerdan, ¿significa esto que Dios ama al uno más que al otro? Su
fe en que Dios le acepta «tal cual es», ¿le ayuda a
aceptar a su cónyuge en las mismas condiciones?
¿Puede sentirse usted a gusto si su cónyuge tiene
ideas sobre algo que no concuerdan con las suyas?

4. Escriba una carta a Dios diciéndole lo que siente por haberle aceptado El. Documéntese leyendo el Salmo 103.

5. Haga una lista de las cosas que le impiden comunicarse con su esposo/a. En su lista puede incluir detalles como por ejemplo: leer durante las comidas; planchar o hacer cualquier tarea que ofrezca cierto tipo de aislamiento; mirar el televisor en vez de continuar una conversación; bañarse con mucha calma y querer que su cónyuge esté despierto/a cuando usted se va a la cama, etc., etc. Al final de la semana, decida qué barreras quiere usted «derribar».

6. Piense en una ocasión en que usted pueda pasar algún tiempo con su marido o mujer en una situación relajada (cuando los niños estén dormidos, por ejemplo). Ha de ser un momento en que no tenga usted prisa, un momento del que se pueda disfrutar. Posiblemente deseen ustedes dar un paseo, leer en voz alta el uno al otro, compartir una merienda o simplemente charlar y cambiar impresiones sobre esperanzas y planes para el futuro.

7. Estudie un sistema que realmente le convenga para empezar a comunicarse con su esposo/a en el «Nivel uno». Piense en lo que significaría realmente hablar sobre ciertas facetas de sus relaciones con una sinceridad emocional y personal completa. ¿Será suficiente la conversación? ¿Qué otra cosa tendrá que hacer usted para preparar a su cónyuge de cara al terreno de la sinceridad? ¿Hay cosas que usted puede hacer para construir un puente sólido y seguro sobre el abismo del hastío a fin de que sus relaciones adquieran un carácter significativo y aceptable?

¿es la ira un "no" continuo?

Leyendo este capítulo descubrirá:

- — cómo la ira bloquea la comunicación;
- — qué es la ira;
- — por qué se enfurece la gente;
- — lo que dice la Biblia sobre estar airado;
- — reacciones típicas de la ira;
- — cómo responde usted a la ira y cómo puede efectuar los cambios necesarios con respecto a ella.

La mayoría de los matrimonios desean comunicarse entre sí. La comunicación es de vital importancia cuando uno o los dos cónyuges están enfadados. Sin embargo, la ira es una de las principales causas de incomunicación en el matrimonio.

¿Alguna vez ha tratado de definir la sensación de rabia u hostilidad? Quizá la definición más simple sea una *fuerte emoción de disgusto*. Las emociones generan energía en nosotros. La ira genera una energía que nos impulsa a dañar o destruir aquello que nos la provoca. La ira es el natural reflexivo resultado de frustración, nuestra reacción al no poder lograr un objetivo.

¿QUE PIENSA USTED? 16

¿Cuál es su definición de la ira? ¿Está de acuerdo con la definición dada arriba? ¿Por qué? ¿Por qué no?

Puntos positivos y negativos de la ira

Con frecuencia pensamos negativamente acerca de la ira. Pero ésta tiene también sus puntos positivos. Por ejemplo, uno de nuestros principales objetivos es la supervivencia. Cuando parece que este objetivo está amenazado (o resulta inalcanzable) la frustración resultante nos enfurece. Esta emoción puede espolearnos hasta hechos casi imposibles a fin de sobrevivir.

... *Pero corra el juicio como las aguas, y la justicia como impetuoso arroyo*, dijo Dios a través de Amós el profeta (Amós 5:24). Muchos de nosotros queremos que prevalezca la justicia. Cuando este objetivo no se logra nos volvemos furiosos. Y esto no es bueno. Cuando vemos injusticias en torno a nosotros —personas perjudicadas o que se aprovechan de ellas— o cuando vemos el sufrimiento nos enfurecemos porque ello no debería ocurrir. La energía producida por esta cólera puede llevarnos a corregir la injusticia.

Ni que decir tiene que no siempre nos enfurecemos por tan nobles razones. A menudo, nuestra ira proviene de cosas que nos atañen, y entonces somos egoístas. No nos salimos con la nuestra y nos sentimos frustrados y furiosos. Trazamos planes, nuestro consorte no está de acuerdo con ello, negándose a cooperar, ¡y ya la tenemos!

—Pero si ya hice las reservas en el albergue de la montaña —declara él.

—Sabes que mi alergia reacciona ante aquel polen —replica ella—. Yo quiero ir a la playa.

—Sí, pero yo *siempre* me tuesto en la playa —objeta él—. ¿Por qué no te tomas tus pastillas contra la alergia?

—Por la misma razón que tú no usas crema bronceadora —ironiza ella.

Y así sucesivamente. La ira viene de la frustración o de no lograr nuestros propósitos. Nuestro objetivo inconsciente consiste en tener y hacer aquello que queremos y cuando queremos. Generalmente, el mal humor que dimana de este propósito fallido atiranta las relaciones con nuestro cónyuge.

El profeta Jeremías observó que *engañoso es el corazón más que todas las cosas, y perverso* (Jeremías 17:9). A veces no nos damos cuenta de cuándo estamos furiosos porque lo ocultamos detrás de otras reacciones. Nuestra ira se esconde a menudo detrás de una capa de resentimiento, frustración, agresividad, odio, furia, indignación, ultraje, antagonismo, hostilidad, amargura, destructividad, despecho, rencor, ferocidad, ironía, desdén, enemistad, malevolencia y provocación. Descríbase como se quiera, cuando nos salimos de nuestras casillas es porque nos domina la ira.

Nuestro vocabulario también es rico en la descripción de otras personas cuando están airadas. Llamamos a la gente insensatos, amargados, frustrados, quejicones, hartos, resabiados, excitados, molestos, agitados, turbados, antagonistas, exasperados, vejados, indignados, furiosos, heridos, irritados, encocorados, hostiles, feroces, salvajes, peligrosos y un montón de cosas más.

La ira da lugar con frecuencia a una conducta que impide la comunicación entre marido y mujer. Describimos esta conducta destructora de comunicación bajo los términos de: odiar, herir, dañar, aniquilar, desdeñar, ironizar, despreciar, aborrecer, vilipendiar, maldecir, despojar, arruinar, demoler, execrar, abominar, desolar, ridiculizar, zaherir, desquitarse, reírse de, humillar, aguijonear, avergonzar, criticar, forzar, injuriar, renegar, irritar, golpear, desterrar, pelear, vencer, competir con, brutalizar, oprimir e intimidar. Cuando observemos que nuestros sentimientos o acciones pueden describirse bajo uno de estos términos, debemos dejar de engañarnos. Estamos dominados por la ira. Enfrentémonos al hecho de manera que podamos tratarlo.

Algunos pensamientos bíblicos sobre la ira

¿Qué dice la Biblia sobre la ira en las vidas de los hombres? La Biblia nos da varias directrices y pensamientos sobre esta emoción llamada ira.

La Biblia dice, para apartar algunas especies de ira:

Quítense de vosotros toda amargura, enojo, ira, gritería y maledicencia, y toda malicia (Efesios 4:31).

En este versículo, Pablo se refiere a la ira como a una emoción turbulenta, a la agitación hirviente de los sentimientos. Es pasión hirviendo en nosotros.

El cristiano debe apartar también la ira que es permanente y habitual, la clase de ira que busca venganza:

Pero ahora dejad también vosotros todas estas cosas: ira, enojo, malicia, blasfemia, palabras deshonestas de vuestra boca (Colosenses 3:8).

Las Escrituras nos enseñan a no airar a los demás:

Como rugido de cachorro de león es el terror del rey; el que lo enfurece peca contra sí mismo (Proverbios 20:2).

Padres, no exasperéis a vuestros hijos, para que no se desalienten (Colosenses 3:21). (Véase también Efesios 6:4.)

La Biblia nos dirige hacia la «ira lenta» (es decir, la ira controlada) y nos advierte que tengamos cuidado en nuestras relaciones con aquellos que están siempre furiosos u hostiles.

Mejor es el que tarda en airarse que el fuerte; y el que se enseñorea de su espíritu, que el que toma una ciudad (Proverbios 16:32).

El hombre iracundo promueve contiendas; mas el que tarda en airarse apacigua la rencilla (Proverbios 15:18).

No te entrometas con el iracundo, ni te acompañes con el hombre de enojos, no sea que aprendas sus maneras, y tomes lazo para tu alma (Proverbios 22: 24, 25).

Las Escrituras hablan también de la «ira justificada». Un ejemplo de ira justificada se encuentra en la vida del Señor Jesús:

Entonces, mirándolos alrededor con enojo, entristecido por la dureza de sus corazones, dijo al hombre: «Extiende tu mano.» Y él la extendió, y la mano le fue restaurada sana (Marcos 3:5).

En Efesios 4:26 el apóstol Pablo habla de dos diferentes clases de ira y de cómo tratar ambas:

Airaos, pero no pequéis; no se ponga el sol sobre vuestro enojo (Efesios 4:26).

En la frase «Airaos, pero no pequéis», Pablo describe la clase de ira que llevamos dentro y que se resiente contra el pecado y sus derivaciones. Uno se da cuenta de que está furioso, pero controla su furia. En este versículo Dios nos dice que nos airemos..., pero ¡por aquello que es justo! La ira es una emoción creada por Dios; El nos creó como seres emocionales. La frase «no pequéis», es una restricción para no ir demasiado lejos. La ira que está justificada porque va contra el pecado y que nosotros controlamos plenamente es la clase de ira que merece la aprobación de Dios.

En la frase «No se ponga el sol sobre vuestro enojo» (o, dicho de otro modo, «que no dure tu ira hasta que el sol se ponga») Pablo expresa otro significado. El relaciona aquí la ira con la irritación, la exasperación y la amargura. Como se ha mencionado antes en Efesios 4:31 y en Colosenses 3:8, debemos desechar esta clase de ira. Si nos enfurecemos en este sentido negativo, debemos controlarnos rápidamente, «antes de la puesta de sol». Las Escrituras nos aconsejan que no llevemos nunca la irritación o la amargura a la cama. Si lo hacemos estamos seguros de perder el sueño (por no decir la paz, los amigos e incluso la salud).

¿QUE PIENSA USTED? 17

1. Utilizando las anteriores descripciones bíblicas sobre la ira, describa la clase de ira que usted suele experimentar.

¿Cómo expresa usted esta ira?

2. Describa la clase de ira que suele experimentar su cónyuge.

¿Cómo acostumbra él o ella a expresar esta ira?

3. ¿Qué puede hacer una persona para «airarse lentamente»?

4. Describa cómo una persona puede «estar airada y no pecar.

Cómo respondemos a la ira

¿Cómo reacciona la gente cuando está furiosa, especialmente en las relaciones marido - mujer? ¿Qué elecciones parecen hacer casi automáticamente? Cua-

REPRIMIR LA IRA - MANTENER LA SERENIDAD

tro al menos son las reacciones que ante la ira experimentamos la mayoría de nosotros.

1. *Controlamos la ira.* Controlar la ira es como edificar una valla en torno a ella. Usted reconoce que está airado y conscientemente trata de mantener su ira bajo control en vez de permitir que sus sentimientos estallen en acciones o palabras incontroladas.

En esto era en lo que pensaba el autor de Proverbios cuando dijo: *El necio da rienda suelta a toda su ira, mas el sabio al fin la sosiega* (Proverbios 29: 11). La misma idea se encuentra en Proverbios 14:29: *El que tarda en airarse es grande de entendimiento; mas el que es impaciente de espíritu enaltece la necedad.*

En el Nuevo Testamento, Santiago da un buen consejo sobre cómo refrenar la ira: *... todo hombre*

EXPRESAR LA IRA - DARLE RIENDA SUELTA

sea pronto para oír, tardo para hablar, tardo para airarse (Santiago 1:19). Ser «pronto para oír» es otra forma de decir «escuchar atentamente». Si puede usted escuchar lo que pasa y se contiene lo suficiente para pensar acerca de lo que va a decir, generalmente logra controlar su ira de una manera saludable. Como dice el doctor William Menninger: «No hable cuando esté airado, sino después de haberse calmado.»

Con todo, es importante hablar eventualmente sobre su ira. A veces es preciso reconocer la ira y dejarla ir de manera suave. De lo contrario, su recipiente se desbordaría en el momento y lugar menos oportunos.

2. *Expresamos la ira.* La reacción opuesta a controlar la ira es expresarla. La ira es una emoción fuerte y necesita un medio de expresión. Algunas

personas llegan incluso a echar fuera lo que sienten, cuando lo sienten, sin que les preocupe el daño que pueden hacer.

Cierto que expresar la ira con pasión violenta, a base de gritos, palabras duras y explosiones emotivas da sus resultados, pero estos resultados no suelen ser demasiado positivos. Nos gusta decir lo que sentimos para «quitarnos el peso de encima», pero lo más corriente es que ni usted ni las personas a las que echa la bronca se beneficien realmente de las expresiones de ira incontrolada. Es mejor para todos esperar a que usted se haya calmado. Relea Proverbios 29:11 y 14:29. En muchos casos, Salomón dice claramente que el necio se deja llevar por la ira, mientras que el sabio controla su temperamento.

Esto no quiere decir que no expresemos nuestra ira de alguna manera. Algunas personas aprenden a manifestar su ira dirigiéndola a voluntad u ocupándose en algo para que les dé tiempo a apaciguarse, utilizando mientras tanto parte de la energía emocional generada al enfurecerse. Unos salen al jardín y cortan la hierba o cavan; otros pasean en torno a la manzana o montan en bicicleta; los hay que se sientan a escribir exactamente lo que experimentan. Fregar el suelo, lavar el coche o hacer cualquier otra cosa que requiera esfuerzo físico puede ser un buen sistema para apaciguar el poderoso sentimiento de la ira. Todo aquello que le ayude a calmarse y a controlar sus sentimientos es una buena medida a tomar, siempre que no dañe a los demás o perjudique sus propiedades.

3. *Reprimimos la ira.* La persona que reprime la ira se niega a aceptar el hecho de estar enfurecido. Muchos cristianos practican esta represión.

Como cristiano usted puede pensar honestamente que, porque conoce a Cristo, no debe airarse y que la ira no es una emoción digna de usted. Por consiguiente, cuando la sensación de la ira se despierta en usted intenta ignorarla y se niega a aceptar su presencia. A causa de lo que ha aprendido en los sermones y posiblemente en cosas que ha leído, usted comprende que la ira es siempre un pecado y, por tanto, ajena a todo aquel que practica una conducta cristiana.

Pero éste no es el caso ni lo que realmente enseñan las Escrituras. La ira es una emoción creada por Dios. La Biblia no nos enseña a reprimir la ira, sino a controlarla. En cierto modo necesitamos la ira como parte de nuestra personalidad e idiosincrasia.

Como dice el doctor J. H. Jowett: «Una vida incapaz de la ira está desprovista de la energía necesaria para toda reforma. En el Nuevo Testamento se nos enseña que su poder de indignación está engendrado por el Espíritu Santo. El Espíritu Santo nos hace capaces de ardor saludable y ello inspira el fuego en nosotros. El Espíritu Santo no crea un carácter tibio, neutral o indiferente.»

Ignorar la ira o negarse a reconocer su presencia NO ES SALUDABLE. Contener la ira es como tomar una papelera llena de papeles, meterla en un armario y pegarle fuego. Cierto que el fuego puede apagarse o incendiar la casa entera hasta convertirla en un montón de escombros. En realidad, muchas úlceras, ansiedades, dolores de cabeza o depresiones son resultados comunes de la ira reprimida.

El doctor David Augsburger observa: «La ira reprimida nos perjudica y nos sigue perjudicando. Si usted la trata siempre asiéndola firmemente o guardándola debajo de la alfombra, sin dejarle ningún resquicio para que se escape, puede producir frialdad y rigidez en su personalidad... También puede que esta ira reprimida surja inesperadamente en momentos críticos para estropear una situación igualmente crítica.»

John Powell lo resume graciosamente cuando dice: «Cada vez que contengo mis emociones se me llaga el estómago.»

Si usted teme confesar la ira en su propia vida, recuerde que la Palabra de Dios reconoce la presencia de la ira, y aun cuando nos aconseja evitarla y controlarla, la Biblia no ignora nuestros sentimientos coléricos.

La ira sirve a un propósito. El mismo Dios siente ira contra todo lo que es malo. *Porque la ira de Dios se revela desde el cielo contra toda impiedad e injusticia de los hombres que detienen con injusticia la verdad* (Romanos 1:18). Marcos 3:5 habla de una de las veces en que Cristo se enfureció: *Entonces, mirándolos alrededor con enojo, entristecido por la dureza de sus corazones...*

Como se ha mencionado ya, el apóstol Pablo admitió que la ira es parte de la vida. Es por esto que escribió: *Airaos, pero no pequéis...* (Efesios 4:26). Adviertan que no escribió: «no pecáis estando airados».

Este es el quid. Admitir la presencia de la ira es una manera saludable de responder a la ira en la vida. Ignorar y reprimir nuestros sentimientos es contraproducente. Airarse no es necesariamente un pecado, pero sí lo es la represión de la ira.

El doctor William Menninger escribe: «A veces pretendemos dar de lado al problema, y éste se encona más y más entre nosotros. Lo mismo que en cirugía, un drenaje adecuado es esencial para que se produzca la curación.»

La represión de la ira es la peor de las respuestas que podemos dar al hecho de estar furiosos. Desgraciadamente, esta respuesta es demasiado común entre los cristianos.

4. *Confesamos la ira.* Algunas personas reaccionan ante la ira reconociendo que empiezan a enfa-

darse y confesando sus sentimientos antes de que éstos rebasen el control. Una excelente respuesta para su cónyuge cuando las cosas empiezan a ponerse tensas. El secreto consiste en confesar la ira de forma que nuestro consorte pueda aceptarlo. Digamos, por ejemplo: «Ya sabes, la discusión está tomando un cariz que empieza a fastidiarme. No me quiero enfadar, y me consta que tú tampoco lo deseas, de manera que podríamos poner punto final a la discusión a ver si consigo dominarme.»

Cualquier cosa que no sea decirle: «Me estás haciendo enfadar.» Esto pilla a su consorte de improviso y le pone a la defensiva. *Reconozca siempre que es usted responsable de sus reacciones emocionales hacia otra persona.* Confesar su ira a otra persona

CONFIESE LA IRA —PONGALA AL DESCUBIERTO.

equivale simplemente a querer admitir que tiene usted un problema. Usted puede decir: «Lo siento, estoy furioso. ¿Qué puedo hacer para resolver esta situación?»

La paráfrasis de *The Living Bible* sobre Efesios 4:26, 27 da algunos buenos consejos para responder a la ira confesándola:

Si estás airado, no peques alimentando tu rencor. No dejes que el sol se ponga sobre tu enojo, sino deséchalo rápidamente; porque cuando estás airado das pie al diablo.

Pablo era bien consciente de que cuando alimentamos una rencilla puede consumirnos el odio. El apóstol advierte a los cristianos efesios (y a nosotros) que nunca alimentemos rencores ni rencillas ni dejemos que la ira se encone dentro de nosotros. Confesar la ira es sacarla a la luz donde podamos discutir la causa del conflicto.

Confesar la ira es una respuesta generalmente difícil para muchos de nosotros, pues para cuando admitimos que estamos furiosos ya ha saltado a la vista, para nuestro cónyuge o para la persona contra quien estamos enfadados, que la ira hervía dentro de nosotros. ¡La clave consiste en aprender a confesar la ira de manera que la otra persona no advierta que estábamos previamente irritados!

¿QUE PIENSA USTED?   18

1. ¿Cuál es su respuesta usual cuando está airado?

   Contener   Expresar   Reprimir   Confesar

2. ¿Está de acuerdo con John Powell cuando dice que contener sus emociones le llaga el estómago? ¿Cuáles son las otras formas en que le afecta la ira contenida? ¿Le hace ello irritable? ¿Diría usted que es consciente de que algunas veces contiene la ira y no admite que está airado?

3. ¿Le parece a usted una posibilidad real la ira confesada? O sea, ¿es algo que usted puede hacer fácilmente o que cree poder empezar a practicar? ¿Qué diría la gente si usted fuera sincero y les diera a conocer cuándo empiezan a irritarle?

Mi esposa diría:

Mis amigos dirían:

Mi jefe diría:

Aproveche su ira

En su libro *Be All That You Can Be*, David Augsburger sugiere los siguientes sistemas para aprovechar la ira. En primer lugar, la persona debe comprender que «la ira es una emoción vital, valiosa y natural». Como emoción no es, en sí, buena ni mala. Lo bueno o lo malo de ella depende de la manera en que se expresa o ejercita.

«Esté airado, pero sea consciente. Nunca será usted más vulnerable que cuando está furioso. El autocontrol disminuye, como asimismo la razón, y el sentido común le abandona.

»Esté airado, pero tenga en cuenta que la ira rápidamente se torna amargura, resentimiento, odio, malicia e incluso violencia a menos que la controle con amor.

»Esté airado, pero sólo para ser bueno. Sólo cuando la ira es motivada por el amor hacia sus hermanos, por obra y gracia de lo que es justo para la gente, por lo que de usted se requiere para el amor a Dios, sólo entonces la ira es constructiva, creativa.

»Aproveche su ira. Conviértala de defensa egoísta en generosa compasión.»

¿CUAL ES SU PLAN?

Si estudia usted este libro con su esposo/a, puede obtener óptimos resultados completando el siguiente cuestionario individualmente y discutiendo después las respuestas juntos. Al comparar ideas, sentimientos y actitudes alcanzarán nuevos niveles de comunicación y entendimiento.

Utilice las siguientes preguntas para evaluar su propia actitud con respecto a la ira, a lo que para usted representa estar airado y también lo que esta ira suya puede representar para los demás. Después de cada pregunta escriba «sí» o «no» o una respuesta más exacta (empleando el menor número posible de palabras).

1. ¿Tiene usted temperamento?

2. ¿Lo controla?

3. ¿Notan los demás cuando usted está airado?

4. Describa lo que siente cuando está airado.

5. ¿Surge rápidamente su cólera?

6. ¿Es usted resentido?

7. ¿Le afecta su ira físicamente?

8. ¿Ha golpeado alguna vez algo o a alguien?

9. ¿Cuándo fue la última vez?

10. ¿Cómo controla su ira?

11. ¿Quién le enseñó?

12. ¿Temen los otros su ira?

13. ¿Temen los otros sus críticas?

14. ¿Qué origina su ira o sus críticas?

15. ¿Con cuánta frecuencia se enfurece?

16. ¿De qué está insatisfecho en la vida?

17. ¿Se irrita contra personas o contra cosas?

18. ¿Qué hace con respecto a su ira?

19. ¿Cómo trata la ira dirigida hacia usted?

20. ¿Reprime usted su ira?

21. ¿La contiene?

22. ¿Expresa su ira o la confiesa?

23. ¿Sabe algo de las Escrituras que pueda ayudarle?

24. ¿Suele recordar las Escrituras?

25. ¿Ora abierta y sinceramente por sus emociones?

26. ¿Espera realmente que Dios le ayude a cambiar sus emociones?

27. ¿Quiere USTED cambiar?

Si no está satisfecho de la forma en que responde a la ira, ¿qué hará ahora para cambiar sus actitudes y conducta? Repase el capítulo anterior y piense en algo específico que pueda hacer para cambiar, y apúntelo aquí.

cómo dominar la ira (antes de que ella le domine a usted)

Leyendo este capítulo descubrirá:

— cómo una actitud crítica puede comunicar la ira;

— la diferencia entre los acercamientos saludables y nocivos a la ira;

— diez principios prácticos para tratar constructivamente las sensaciones airadas;

— cómo utilizar las normas bíblicas para tratar la ira, la crítica o la hostilidad.

Lo quiera o no, la ira forma parte de la vida, incluyendo la vida matrimonial. En realidad, tal como indica el capítulo anterior, la ira es una emoción dada al hombre por Dios mismo. Lo malo es que nosotros no sabemos manejarla bien. Propendemos a enfurecernos por razones equívocas o a expresar sensaciones airadas de manera nociva en vez de tratar de ayudar a los otros o a nosotros mismos.

¿Qué tal es usted en el aspecto crítico?

Por ejemplo, una «razón equívoca» para la ira es la actitud crítica. La persona irritable y hostil es casi siempre susceptible de criticar. Ataca a los demás verbal o sutilmente. Si a usted le desagrada constantemente lo que ve en los demás, puede comportarse así. Cuando busca y está plenamente consciente de los defectos y debilidades del prójimo, usted es demasiado crítico y hostil. Una persona con una predisposición crítica u hostil no puede hacer felices a los que le rodean.

¿Es usted realmente crítico? Formúlese estas preguntas: ¿Emplea usted más tiempo criticando mentalmente a la gente que buscando sus puntos positivos? ¿Hacen los demás cosas que le molestan hasta el extremo de considerar que debe decírselo? ¿Habla usted de los otros, a sus espaldas, de manera derogatoria? ¿Tiene normas para los demás que usted no cumple? ¿Presiona a los otros de acuerdo con sus normas para que le acepten mejor?

Estas reacciones indican una actitud crítica u hostil.

¿Por qué criticamos? Ello merma nuestra atención. Tal vez creamos que puede hacernos sentir mejor a expensas de los demás. En su *Psychology and Morals*, el doctor J. A. Hadfield escribe: «Es bien verdad que al juzgar a los otros pregonamos nuestros defectos secretos. Personalizamos nuestros fallos no confesados y odiamos en los otros los pecados a los que somos secretamente adictos.» Continúa diciendo que la verdadera razón de que condenemos ciertos pecados en los demás es que estos mismos pecados son una tentación para nosotros. Es precisamente por este motivo que denunciamos con tanta vehemencia la tacañería, la mogigatería o el cinismo en los demás. Cualquier defecto que hallamos de lo más intolerante en los otros se encuentra muy probablemente entre nuestros propios pecados. «La mayoría de nuestras emociones están dirigidas contra nosotros mismos», escribe el doctor Hadfield. «Deje que un hombre dé rienda suelta a sus sentimientos y luego puede, con perfecta seguridad, volverse hacia él y decirle: "Usted es el hombre."»

Siempre que descubrimos parcialidad intensa, intolerancia, excesiva censura o cinismo, es muy posible que hallemos la proyección de nuestros sentimientos en otra persona. Propendemos a ver en los demás las tendencias indeseables que nosotros poseemos.

¿QUE PIENSA USTED? 19

1. Enumere las cosas por las que tiende a criticar a los demás:

2. ¿Qué le dice esto acerca de usted?

3. ¿Cómo se comparan estas actitudes/características con el fruto del Espíritu Santo? (Gálatas 5: 22, 23.)

4. Deténgase ahora y dé gracias a Dios por su perdón y pídale que sustituya su espíritu crítico por el fruto del Espíritu Santo. (Vea Romanos 14:13.)

Reacciones saludables y nocivas ante la ira

Aun cuando una actitud crítica es un problema para mucha gente, peor problema es para la mayoría de nosotros expresar la ira de manera perjudicial. Supongamos que usted pasa el día sin adoptar ninguna actitud crítica particular contra alguien o contra algo. Pero la sensación de ira se despierta súbitamente (o no tan súbitamente). ¿Qué hace entonces? ¿Se siente impotente? ¿Debe darse al diablo para «desahogarse»? Esto es una necedad. La ira no le hará sentirse «impotente» a menos que lo desee, a menos que usted, secretamente, disfrute desfogándose.

En realidad, usted tiene opción con la ira. Puede reaccionar ante ella de dos maneras: saludable o nocivamente.

Eche primero un vistazo a las reacciones nocivas que le han esclavizado a la ira:

REACCIONES NOCIVAS

Primero, asegúrese de que ignora sus reacciones emocionales. Aunque esté furioso con su cónyuge, dígase a sí mismo que sus sentimientos nada tienen

1. IGNORE SUS SENTIMIENTOS
2. DEJE QUE MANDE SU ESTOMAGO
3. REPITASE... "NO ESTOY FURIOSO"

REACCIONES NOCIVAS A LA IRA

4. CONCENTRESE EN LAS "TINTAS NEGRAS" CONTRA SU OPONENTE.
5. CENSURE A SU CONYUGUE (TAN ALTO COMO PUEDA).
6. VAYASE Y SIENTA PIEDAD DE VD. MISMO.

que ver con la cuestión. Mejor aún, si quiere solventar el problema, convénzase de que no va a trastornarse en absoluto. Si suda de rabia, diga que probablemente es que hace calor en la habitación.

Asegúrese de que mantiene su ira en el fondo del estómago para que no le afecte la cabeza. Manténgalo todo a un nivel intelectual, pero no permita que su cónyuge sepa lo que siente.

Asegúrese luego de seguir negando sus emociones. Dígase una y otra vez: «No estoy enfadado.» Sentirá un nudo en el estómago y sudará copiosamente. Insista ante su mujer en que no está enfadado. Y ella le creerá (?).

Asegúrese también de que mantiene su atención en el asunto y en volver a remarcarlo a su cónyuge. Crea que aquel de los dos que use más brío o más astucia llevará la voz cantante y se erigirá en vencedor. Y esto es lo importante, ¿verdad? Ganar la discusión. Sobre todo cuando se discute con el cónyuge, ¿no?

Si se enfada de verdad, culpe a su cónyuge. Seguramente es él (o ella) el culpable. Cuando discuta con su consorte, levante bien la voz. Descubra algún defecto en su esposo/a y remárquelo con gran precisión y exactitud e incluso un poco exageradamente, si a mano viene. Son de gran ayuda los epítetos racionales como: «¡Es imposible discutir algo contigo! ¡Nunca pones atención a nada! Te crees que eres Dios, ¿no?»

Finalmente, no aprenda de sus emociones. Salga de casa encolerizado, tome un par de aspirinas y concéntrese en cuán irrazonable era, es y será su cónyuge.

Ni que decir tiene que las reacciones «nocivas» enumeradas anteriormente son la descripción perfecta para el desastre en un matrimonio. Desgraciadamente, estas reacciones son demasiado típicas en muchos maridos y mujeres. En su libro *Learning for Loving*, Robert McFarland y John Burton indican que «pocas parejas poseen la autosuficiencia social y la madurez emocional para luchar constructivamente por el bien de su matrimonio. En consecuencia, creemos que muchos matrimonios necesitan desarrollar urgentemente estas habilidades e incrementar su fuerza emocional lo suficiente para empeñarse en tales luchas. Opinamos que muchas parejas tratan de evitar conflictos constructivos porque uno o los dos creen que ello les obligaría a establecer cambios a los cuales no están dispuestos».

Para conseguir la paz, estas parejas deben confiar de buen grado entre sí, confiar el uno en el otro, admitiendo sin reparos que lo que oyen o sienten es desagradable o molesto. Con harta frecuencia, maridos y mujeres son demasiado orgullosos para admitir mutuamente que se sienten incómodos, furiosos, heridos en su amor propio, etc. Y el resultado es un estancamiento en la comunicación. Dwight Small observa, sin embargo: «Toda comunicación en unas relaciones íntimas se basa en la confianza mutua. Confiar en el otro es estar relativamente seguro, sobre todo, de que se comparte una base de confianza. La fe mutua crece cuando cada uno de los cónyuges toma al otro en cuenta como persona cuya felicidad está ligada a la suya.»

¿Cuál será el antídoto para todas estas costumbres nocivas? Existe uno plenamente eficaz, siempre que el marido y la mujer estén dispuestos a reaccionar ante la ira de las maneras *saludables* que a continuación se expresan:

REACCIONES SALUDABLES

Para empezar, sea consciente de sus emociones. Olvide momentáneamente el asunto y concéntrese en sus reacciones emocionales. ¿Qué siente usted? ¿Turbación (porque el argumento contrario parece más sensato)? ¿Temor («Se está enfadando… y es capaz de golpearme»)? ¿Superioridad («Le llevo ventaja, y ella lo sabe»)?

No tema admitir su emoción. Estúdiese bien y acepte el hecho de que está furioso. Si es usted sincero admitirá que la suya es una ira de alto voltaje, no una «pequeña» irritación o frustración.

Investigue el porqué de su emoción. Pregúntese: «¿Por qué estoy furioso? ¿Por qué me ataca mi esposa de esta manera? Intente descubrir el origen de su emoción. Puede que se encuentre con algún oculto complejo de inferioridad que jamás reconoció o un temor o una debilidad que nunca quiso confesar a su mujer.

Comparta su emoción con su cónyuge. Exponga simplemente los hechos, sin interpretaciones o juicios. Diga algo así a su consorte: «Basta ya, porque estoy diciendo cosas que no siento y no quiero que esto ocurra.» En cualquier caso, no juzgue o acuse a su compañero/a. No es culpa suya que esté usted de mal humor. No censure a su cónyuge ni se censure usted mismo/a.

Decida cómo encauzar su emoción. ¿Qué es lo mejor que se puede hacer luego? Tal vez quiera decir a su cónyuge: «Volvamos a empezar. Creo que me he mantenido demasiado a la defensiva escuchándote. Quiero que empecemos de nuevo.» O, en caso necesario: «¿Te parece bien que dejemos el asunto por el momento? No estoy en condiciones de seguir discutiéndolo ahora.» (Recuerde, no obstante, que es preferible volver después sobre el problema, sin dejar pasar demasiado tiempo, para que éste no cobre más volumen y les abrume a los dos, produciendo una actitud de desconfianza y reserva.)

En *Conjoint Family Therapy,* Virginia Satir repite muchas de las ideas recién expresadas y dice: «Una persona que se comunica de manera funcional (saludable) puede: *a*) exponer su caso con firmeza; *b*) esclarecer y cualificar, al mismo tiempo, lo que dice; *c*) pedir explicaciones en todo momento; *d*) poner atención a ellas cuando se las den.»

Algunas otras ideas para tratar las situaciones emocionales de manera saludable se encuentran en el libro de Charlotte Clinebell, *The Intimate Marriage*: «Puede ser beneficioso para un matrimonio formularse preguntas como éstas: ¿Vale la pena discutir por este asunto o es que mi amor propio está amenazado por algo que mi esposo/a ha dicho o hecho? En relación con el asunto en cuestión, ¿qué es lo que yo quiero y qué es lo que quiere mi cónyuge que no podemos lograr? ¿Qué debo hacer yo para satisfacer las necesidades de mi consorte y las mías propias en esta área? ¿Qué pasos podemos dar y qué medidas tomar en este momento para llegar a un acuerdo definitivo?»

¿QUE PIENSA USTED   20

«Usted sostiene una discusión con su esposo/a. Las diferencias de opinión saltan a la vista. La voz y los ánimos tardan poco en excitarse. Usted empieza a enfurecerse contra la situación y contra la otra persona. ¿Qué debería hacer en este punto?»

Describa cómo afrontar la situación arriba indicada de una manera *saludable*:

Escriba ahora un diálogo de dos personas que hacen frente a la situación de manera saludable:

El:

Ella:

El:

Ella:

Principios prácticos para manejar la ira

Conviene saber lo que es la ira, las diferentes clases de respuesta a la ira, lo que la Biblia dice sobre airarse, reacciones saludables y nocivas ante la ira, etc., etc. Pero lo que finalmente cuenta es lo que *hace* usted con sus sensaciones airadas, cuando las tiene. Como resumen a esta sección sobre la ira, he aquí diez principios prácticos para hacerle frente y controlarla. Recuerde, naturalmente, que el cristiano comprende que no puede controlar la ira (o cualquier otro problema) enteramente por sus propios medios. Confía en el Espíritu Santo para que le guíe y faculte. Y nunca se necesita tanto el Espíritu Santo como cuando una persona comprende que se está dejando dominar por la ira.

Según la paráfrasis de *The Living Bible* sobre Gálatas 5:19, 20, cuando seguimos nuestras malas inclinaciones (la carne) los resultados son desastrosos. Incluidos en estos «resultados desastrosos» están el odio y la lucha, los celos y la cólera..., las quejas y las críticas, la impresión de que todo el mundo está equivocado excepto nosotros.

... Mas el fruto del Espíritu es amor, gozo, paz, paciencia, benignidad, bondad, fe... (Gálatas 5:22).

Habida cuenta, pues, de las palabras del apóstol Pablo a los gálatas sobre cómo manejar la ira y otras emociones básicas, he aquí diez principios básicos que usted puede adoptar:

1. Sea consciente de sus reacciones emocionales. Pregúntese: «¿Qué estoy sintiendo?»

2. Hágase cargo de sus emociones y admita sus sentimientos. Admitir el sentimiento de la ira no significa que haya de darle rienda suelta.

3. Trate de comprender por qué está airado. ¿Cuál es el motivo? Como se menciona en el capítulo 6, muchas veces experimentamos la ira porque estamos frustrados. Padecemos la frustración de

nuestros deseos, impulsos, necesidades, ambiciones, esperanzas, exigencias... Cuando empiece a enfurecerse, formúlese esta pregunta: «¿Viene mi ira de la frustración?» Y luego: «¿Qué clase de frustración?» Y después: «¿Qué o quién es la causa de mi frustración?» Pregúntese: «¿En qué solución positiva puedo pensar?»

Otras razones por las que podemos encolerizarnos son:

La posibilidad de daño físico o espiritual. Nuestra seguridad se ve amenazada y nos enfurecemos como defensa.

Nos enfurecemos ante la injusticia contra los demás, contra nosotros mismos y contra la sociedad. A menudo, ésta es una especie de «ira noble» y, por ende, justificada. Pero tenga cuidado y no permita que su justa indignación ante la injusticia se confunda contra la causa básica de la ira que es el egoísmo, una de las causas de la ira en la mayoría de nosotros. A fuer de sinceros, nos encolerizamos porque no conseguimos nuestro objetivo. Porque no obtenemos lo que deseamos.

4. ¿Puede crear usted otras situaciones en que no concurra la ira? ¿Qué hizo usted para que la otra persona reaccionara de forma que usted se enfureciese?

5. ¿Es la ira la mejor respuesta? Anote las consecuencias de su posible iracundia. ¿Sabe de una respuesta mejor? ¿Qué lograría la bondad, simpatía y comprensión de la otra persona? ¿Puede confesar usted sus sentimientos hacia ella?

6. ¿Es la suya una ira que se despierta rápidamente? En tal caso, respire hondo y cuente hasta diez. Concéntrese en las virtudes y cualidades de su interlocutor y no en sus defectos.

7. ¿Se considera crítico con los demás? ¿Qué es lo que esto le proporciona? Sea menos suspicaz con

el prójimo. Escuche lo que digan y sientan las otras personas y evalúe sus comentarios en vez de condenarlos. Puede que estos comentarios tengan algo que ofrecerle. ¿Proviene su sentido crítico de un deseo de hacerse mejor? ¿Son sus opiniones siempre exactas o pueden mejorarse? Sea comedido en su lenguaje y reacciones para con los demás. Cuide sus gestos y expresiones, ya que pueden ser objeto de crítica por parte de su interlocutor. ¿Puede expresar simpatía y alabanzas a los otros en vez de críticas?

8. Cabe el que, en determinado momento, su ira o su crítica sean legítimas. Al expresarlas, procure hacerlo de tal manera que el otro pueda aceptar lo que usted dice. Vaya con calma y con tacto y albergue el deseo de ayudar a la otra persona en lugar de perjudicarla.

9. Busque un amigo con el que pueda hablar de sus sentimientos y adquiera algún discernimiento de sus sugerencias. Confiésele cómo siente y pídale consejo.

10. Dedique tiempo a orar por la dificultad que tiene usted con sus sentimientos. Confiese abiertamente su situación a Dios. Pídale Su ayuda. Aprenda de memoria los versículos bíblicos que hablan de la ira y de cómo debemos comportarnos con los demás. Comprenda bien esos pasajes y póngalos en práctica. (Relea los versículos que tratan sobre la ira en el capítulo 6.)

Cómo ser cristiano y... sentirse airado

Sí, es posible airarse de «manera cristiana». La ira cristiana, no obstante, requiere tres condiciones:

Debe ser dirigida contra algo injusto.

Debe ser controlada y no una pasión vehemente e ingobernable.

No debe engendrar odio, malicia o resentimiento.

EL CONFLICTO PUEDE SER BUENO SI...

Tres frases breves manifestadas fácilmente, pero que no se cumplen con tanta facilidad, sobre todo en el matrimonio, donde los sentimientos se desbordan y donde la sensatez no preside siempre las situaciones. Pero puede conseguirse, aunque sea paso a paso. *Debe* conseguirse si usted y su cónyuge quieren aprender cómo afrontar la ira y sus conflictos.

En su magnífico libro *After Yo've Said I Do*, Dwight Small señala: «Como una realidad del matrimonio, los conflictos pueden ser creativamente encauzados para el bien; forman parte del proceso de desarrollo. ¡No subestime nunca sus cualidades positivas! Los conflictos en el matrimonio cristiano —con sus exigencias de confesión, perdón y reconciliación— son un medio que Dios emplea para enseñar humildad.»

Pregúntese: «¿Realmente deseo cambiar y ser más capaz de afrontar la ira, la frustración y los sentimientos hostiles? ¿De veras deseo encauzar creativamente los conflictos para el bien?» Si su respuesta es sí, lea entonces la plegaria de Pablo para los efesios (Efesios 3:16-21). Comprométase nuevamente a Cristo y a Su amor y lleve este amor y el poder del Espíritu Santo a su matrimonio, a ese sórdido campo de batalla donde la ira y la frustración se dan casi diariamente en distintos grados. El inconmensurable poder de Dios actúa dentro de usted y El es capaz de hacer mucho más de lo que usted hubiera osado pedir o soñar..., ¡más allá de sus plegarias, deseos, pensamientos o esperanzas!

¿CUAL ES SU PLAN?

Si estudia este libro con su esposa pueden obtener óptimos resultados completando el siguiente cuestionario individualmente y discutiendo luego sus respuestas juntos. Al comparar ideas, sentimientos y actitudes alcanzarán nuevos niveles de comunicación y entendimiento en sus relaciones matrimoniales.

1. Describa la conducta o actitud que quiere usted cambiar (por ejemplo: ira, ansiedad, malos modos, gritos, etc.).

2. Enumere varias razones muy personales para renunciar a esta conducta o actitud.

3. El motivo del cambio es muy importante. De sus razones para renunciar a dicha conducta o actitud, seleccione la más importante y escríbala a continuación.

4. Comience a pensar en cómo cambiaría su conducta si es que quiere tener éxito. Escriba sus impresiones debajo.

5. Adopte una actitud positiva. ¿Cuáles han sido sus tentativas para cambiarla en el pasado? Describa. Indique qué actitud piensa adoptar ahora. ¿Cómo mantendrá esta nueva actitud? Escriba su respuesta debajo.

6. Siempre que se elimina una conducta o actitud que desagrada suele quedar una especie de vacío. Muchas veces, una persona prefiere una conducta pobre o mala a esta vaciedad, de manera que vuelve a las andadas. Para que esto no ocurra, sustituya su conducta negativa por una POSITIVA. Describa la conducta o actitud recién adquirida en lugar de la que abandona.

7. Lea Efesios 4:31, 32. Anote la conducta o actitud positiva que estos pasajes le sugieren en lugar de la negativa. Anote, también, de qué manera aplicará estos pasajes a su vida. Describa situaciones específicas y cómo se imagina a sí mismo haciendo lo que sugiere la Biblia. Describa las consecuencias de pensar o conducirse de esta manera.

Conducta o actitud negativa a ANULAR	Enumere los resultados de esta conducta. Dé varios para CADA UNA
Amargura (Resentimiento, hosquedad)	
Ira (Furia, antagonismo, explosión)	
Cólera (Indignación, ira violenta, ebullición)	
Alboroto (Vocinglería)	
Calumnia (Lenguaje abusivo)	

Conducta o actitud positiva a INICIAR	¿Cuáles cree serían los resultados de obedecer estos tres mandatos? Enumere varios para cada uno
Benevolencia (bondad de corazón)	
Ternura (compasión)	
Perdón (una acción)	

Escriba ahora los sistemas prácticos que usted podría adoptar en su caso, para comportarse a tono con las indicaciones sugeridas en estos versículos.

Anote cuándo y cómo empezará y las consecuencias que espera. Sea muy específico.

el alto precio de la ansiedad (y cómo no pagarlo)

Leyendo este capítulo descubrirá:

- que las preocupaciones y la ansiedad suelen concernir al pasado y al futuro, no al presente;

- que un cónyuge ansioso o preocupado contagiará seguramente al otro... y al matrimonio;

- que las Escrituras contienen consejos prácticos para afrontar la ansiedad y las preocupaciones;

- cómo enfrentarse a las presiones que ocasionan las preocupaciones y la ansiedad.

La ansiedad y las preocupaciones son causa común de problemas en el matrimonio. Cuando uno de los cónyuges está oprimido por el temor o la ansiedad, hay malestar. Las horas vividas bajo la angustia empañan la felicidad de marido y mujer, aunque sólo uno de ellos esté angustiado.

¿Se ha detenido alguna vez a pensar que las preocupaciones apenas tienen que ver con el presente, si no es para enturbiarlo?

La ansiedad concierne casi exclusivamente al pasado y al futuro. Usted piensa en pasados errores o en lo que alguien le hizo ayer... o en lo que no le hicieron o dijeron. Y antes de que se dé cuenta ya está teniendo un día de perros, todo porque se concentra en el pasado. Cierto que a veces es necesario reconsiderar lo que sucedió, y es prudente aprender de pasadas experiencias. Pero ¿hasta qué punto es capaz de reconsiderar y de aprender cuando está angustiado o preocupado? Y lo que es más importante, ¿acaso puede cambiar lo que pasó ayer?

O tal vez no es el pasado lo que le preocupa. Es el futuro lo que le hace perder la serenidad. Usted echa una ojeada a las facturas y a las letras que tiene que pagar dentro de tres meses y se le antoja que es demasiado para hacerle frente. Tal vez le corroe el temor de una salud precaria, o posiblemente se trate de problemas relacionados con su trabajo. En cualquier caso, cuando la angustia le domina apenas tiene tiempo para pensar en hoy.

Nada tiene de extraño que los matrimonios pasen apuros cuando la zozobra consume gran parte de las energías del marido o de la mujer. Los matrimonios saludables, triunfantes, requieren cónyuges que solamente vivan las penas y las alegrías de *hoy*. ¿Cuántas preocupaciones hay en su matrimonio? ¿Y en su propia vida?

¿Analizó alguna vez por qué usted y su cónyuge se sienten angustiados con frecuencia? ¿Es por el pasado? ¿Qué debió usted haber dicho o hecho? ¿O es el futuro la causa de su ansiedad? ¿Preocupado por lo que les ocurrirá a sus hijos cuando tengan que valérselas por sus propios medios? ¿Angustiado por el dinero para pagar las facturas?

¿QUE PIENSA USTED?   21

1. Rememore la pasada semana. ¿Se la pasó angustiado o preocupado?

2. ¿Se percató de que su esposa está preocupada?

3. Si la ansiedad formó parte de la semana pasada, ¿cuál fue la causa específica? ¿Sabe por qué estaba preocupada su esposa?

4. ¿Puede enumerar las ventajas que obtuvo como resultado de su preocupación?

Defina miedo, ansiedad, preocupación

Dios creó al hombre como un ser pensante, emocional. Debido a que somos humanos poseemos la facultad de considerar las cosas y de reaccionar de muchas maneras distintas frente a una situación. El miedo es una de las sensaciones que todo el mundo experimenta de vez en cuando. El miedo basado en peligros externos, reales, físicos, es un miedo saludable, por cuanto nos impide ser arrollados por vehículos, o heridos por un arma, o quemados por una estufa, etc.

El miedo es una emoción y, como tal, se convierte en energía o fuerza dinámica. Es también un impulso para hacer algo. Cuando nos referimos al miedo pensamos en expresiones como desmayo, timidez, temor, alarma, pánico, terror y horror. Cuando vemos

EL PREOCUPARSE DIVIDE LA MENTE

que una persona tiene miedo decimos que está asustada, alarmada, nerviosa, trastornada, atemorizada, recelosa, apocada, empavorecida o estupefacta.

¿Cuál es, pues, la diferencia entre miedo y ansiedad? Ansiedad es la sensación de aprensión o inquietud ante lo que se cree proximidad de un peligro y que no dimana de una causa lógica o razonable. Miedo, por el contrario, es una respuesta emocional, consciente, estimulada casi siempre por una amenaza real (o que parece real a la persona que está asustada).

Una forma de considerar la cuestión es que el miedo es *externo* y la ansiedad es *interna*. La ansiedad puede definirse como «miedo en la ausencia de una causa justificada»; se produce como respuesta al peligro y/o a la amenaza, si bien muchas veces la fuente de este peligro o amenaza inminentes no está clara. Los griegos describían la ansiedad como «fuerzas opuestas en acción para devastar al hombre».

A menudo empleamos la palabra «preocupación» como sinónimo de ansiedad, pero no es del todo correcto. «Preocupación» significa estar inquieto o excesivamente desasosegado. La persona que se preocupa pasa largos ratos pensando, insistiendo en un problema real o imaginario, dándole vueltas y más vueltas en la cabeza; generalmente empieza pensando lo peor sobre una situación y «cruza muchos puentes antes de llegar a ellos». La palabra preocupación viene de una combinación de dos palabras que son «mente» y «dividir». Preocupación quiere decir, poco más o menos, «dividir la mente».

El profeta Habacuc da una descripción gráfica de una persona preocupada: *Oí, y se conmovieron mis entrañas; a la voz temblaron mis labios; pudrición entró en mis huesos, y dentro de mí me estremecí; si bien estaré quieto en el día de la angustia, cuando suba al pueblo el que lo invadirá con sus tropas...* (Habacuc 3:16).

En su libro *How to Win over Worry*, John Haggai comenta que «las preocupaciones dividen los sentimientos; por consiguiente, a la emoción le falta estabilidad. Las preocupaciones dividen el entendimiento; por consiguiente, las convicciones son flojas y cambiantes. Las preocupaciones dividen la facultad de percepción; por consiguiente, las observaciones son defectuosas e incluso falsas. Las preocupaciones dividen la facultad de juzgar; por consiguiente, las actitudes y decisiones son a menudo injustas. Estas decisiones conducen al daño y a la pena. Las preocupaciones dividen la facultad determinativa; por consiguiente, los planes y los propósitos, si no se desmoronan, carecen de persistencia».

Las preocupaciones y la ansiedad debilitan y destruyen a la persona. Por el contrario: *El corazón apacible es vida de la carne...* (Proverbios 14:30).

¿Controla usted conscientemente las preocupaciones en su vida? ¿Descubre usted sistemas para enfrentarse a sus días malos con «el corazón apacible y la mente clara»?

¿QUE PIENSA USTED?   22

1. ¿Podría indicar usted qué es lo que más preocupación y ansiedad le causa en su vida? En tal caso, anótelo.

2. ¿Cómo describiría usted esta preocupación?
   Nociva   Saludable

3. Explique por qué eligió esa descripción.

Cómo vencer las preocupaciones

Prácticamente, todo el mundo está de acuerdo en que la ansiedad y las preocupaciones son destructivas. Pero ¿cómo evitarlas? La Biblia da al cristiano normas prácticas para afrontar las preocupaciones.

Por ejemplo, Pablo recuerda a los cristianos: SOIS HIJOS DE DIOS. PEDID AYUDA A VUESTRO PADRE CELESTIAL.

Por tanto, de la manera que habéis recibido al Señor Jesucristo, andad en él; arraigados y sobre-

COMO VENCER LAS PREOCUPACIONES

PRESCRIPCION Nº 1

DEPENDA DE LA AYUDA DE DIOS

edificados en él, y confirmados en la fe, así como habéis sido enseñados, abundando en acciones de gracias (Colosenses 2:6, 7).

Por nada estéis afanosos, sino sean conocidas vuestras peticiones delante de Dios en toda oración y ruego, con acción de gracias. Y la paz de Dios, que sobrepasa todo entendimiento, guardará vuestros corazones y vuestros pensamientos en Cristo Jesús (Filipenses 4:6, 7).

Al leer estas instrucciones le parecen llenas de estímulo. Y lo están. Pero ¿cómo ponerlas en práctica para impedir que siga usted preocupándose? En esencia, Pablo dice:

No intente enfrentarse a sus problemas usted solo. La ansiedad le domina cuando considera usted una situación sombríamente y empieza a pensar: «Esto es terrible. No hay manera de salir. Estoy perdido.» Esto puede (o no puede) ser verdad en cuanto a usted concierne, pero usted no está solo. Usted puede volverse a Dios y decirle cuán difíciles son las cosas, y pedirle ayuda. Confíe en Su poder y en Su fuerza para salir adelante.

Recuerde que puede elegir sobre quién «lleva la voz cantante». ¿Controla usted sus pensamientos o se deja controlar por ellos? Cuando se despierta usted por la mañana, ¿permite que las preocupaciones se apoderen de usted y empiecen a dictarle su norma de conducta? O dice: «¡Alto ahí! Con preocuparme no voy a ganar nada.» Ocúpese pensando algo distinto. Ocúpese haciendo algo que distraiga su atención. No deje que la ansiedad «lleve la voz cantante». Con la ayuda de Dios, decídase *contra* las preocupaciones.

Concéntrese en la realidad. Imaginar lo que puede acontecer o pensar constantemente en las consecuencias conduce a un estado de preocupación y ansiedad. Enfréntese a la situación y pida a Dios la ayuda

COMO VENCER LAS PREOCUPACIONES
PRESCRIPCION Nº 2
VEAMOS...¿CUAL ES EL ME-
JOR SISTEMA DE SOLUCIONAR
ESTE PROBLEMA? ME PARECE
QUE LO QUE DEBO HACER ES...
CONCENTRESE EN LA SOLUCION,
NO EN EL PROBLEMA

que necesita. Como dice Pablo: *Si hace esto... mantendrá sus pensamientos y su corazón tranquilos y confiando en Cristo Jesús.*

Sea sincero consigo mismo y acepte sus problemas. No crea que es usted un «fracasado» porque la angustia la desanima. Dé de lado a las preocupaciones; lo contrario empeoraría la situación. Sopese honestamente sus sentimientos. Defina su problema. Y siga el consejo de Pablo: *... así como confía en que Cristo le salvará, confíe en él, también, para sus problemas cotidianos.* También le aliviará si da usted gracias a Dios por el problema, así como por Su respuesta al mismo... aun cuando de momento no vea la solución. Recuerde que Santiago escribió: *Hermanos míos, tened por sumo gozo cuando os halléis en diversas pruebas, sabiendo que la prueba de vuestra fe produce paciencia. Mas tenga la paciencia su obra completa, para que seáis perfectos y cabales, sin que os falte cosa alguna* (Santiago 1:2-4).

Jesús dio a Sus discípulos un sano principio para manejar la ansiedad y el miedo... CONCENTRAOS MAS EN LA SOLUCION QUE EN EL PROBLEMA.

El principio está ilustrado gráficamente en el relato de Mateo cuando Pedro anduvo por las aguas: *Y los discípulos, viéndole andar sobre el mar, se turbaron, diciendo: «¡Un fantasma!» Y dieron voces de miedo. Pero en seguida Jesús les habló diciendo: «¡Tened ánimo; yo soy, no temáis!» Entonces le respondió Pedro, y dijo: «Señor, si eres tú, manda que yo vaya a ti sobre las aguas.» Y él dijo: «Ven.» Y descendiendo Pedro de la barca, andaba sobre las aguas para ir a Jesús. Pero al ver el fuerte viento, tuvo miedo; y comenzando a hundirse, dio voces, diciendo: «¡Señor, sálvame!» Al momento Jesús, extendiendo la mano, asió de él, y le dijo: «¡Hombre de poca fe! ¿Por qué dudaste?» Y cuando ellos su-*

COMO VENCER LAS PREOCUPACIONES

PRESCRIPCION Nº 3

VIVA AL DIA

bieron en la barca, se calmó el viento. Entonces los que estaban en la barca vinieron y le adoraron, diciendo: «Verdaderamente eres Hijo de Dios» (Mateo 14:26-33).

Pedro se encontraba bien mientras caminaba con fe y manteniendo sus ojos en Cristo. Pero cuando centró su atención en el viento y las olas (sus problemas) éstos le abrumaron. Cristo quiere que avancemos con la fe puesta en El, confiando en Su ayuda y guía, utilizando recursos disponibles para nosotros y buscando soluciones factibles a nuestros problemas. Pruebe estas ideas de «soluciones orientadas»:

Piense en términos de posibles soluciones. Enumere sus preocupaciones y angustias. Sea específico y complete sus descripciones. Si le preocupa el pago del alquiler mensual no escriba simplemente «apuros financieros». Ponga, por el contrario, «dinero para pagar el alquiler» y cualquier otro problema monetario que tenga. Confeccione luego una lista de posibles soluciones. Su lista puede incluir préstamos, trabajos extra, venta del viejo reloj de pared o incluso la venta del garaje. Incluya toda posibilidad que se le ocurra y pida que Dios le ayude en cuál es la mejor elección para la solución del problema.

Trabaje activamente en las soluciones. Pensar en posibles soluciones no es suficiente. Actúe. Si cree que se preocupa más de la cuenta y que se siente demasiado deprimido, vaya a ver a su médico. El mal funcionamiento de las glándulos, la deficiencia vitamínica, la alergia, la falta de ejercicio y la fatiga física o emocional se disfrazan a veces de preocupación y ansiedad. Mientras busca las razones de su preocupación elimine, para empezar, cualquier causa física posible.

No se concentre en cosas que le conturben. Cuando Pedro se concentró en cuán altas eran las olas empezó a hundirse. Considere aquello que aumenta su ansiedad o preocupación y manténgase apartado de estas áreas.

Suponga que usted y su cónyuge no pueden discutir asuntos políticos sin excitarse. O tal vez su compañero/a sigue atentamente los partes informativos mientras que usted se inquieta por la confusa situación mundial. Examine el problema y búsquele una solución. Cuando llega la hora de las noticias, usted puede estar ocupado en otra parte de la casa, dedicado a una actividad que realmente le gusta. O ayudando a alguien de la familia que necesita le echen una mano.

Una ex preocupada nos explica: «Cuando empiezo a cargarme y a inquietarme por los distintos puntos de vista que tenemos mi marido y yo, me ocupo en algo y doy gracias a Dios por todas las bendiciones que hemos compartido juntos. A veces incluso escribo una lista de estas bendiciones. Cuando empiezo a nombrarlas "una a una" parece que las preocupaciones disminuyen en importancia.»

Ayuda recordar que Jesús enseñó a sus discípulos: ACEPTAD LO QUE NO PUEDE SER CAMBIADO... CONSERVAD LOS VALORES CLAVE... VIVID DIA A DIA. Vea si puede entresacar estos principios de las palabras que Cristo dijo sobre la ansiedad: *Por tanto os digo: «No os afanéis por vuestra vida, qué habéis de comer o qué habéis de beber; ni por vuestro cuerpo, qué habéis de vestir. ¿No es la vida más que el alimento, y el cuerpo más que el vestido? Mirad las aves del cielo, que no siembran, ni siegan, ni recogen en graneros; y vuestro Padre celestial las alimenta. ¿No valéis vosotros mucho más que ellas? ¿Y quién de vosotros podrá, por mucho que se afane, añadir a su estatura un codo? Y por el vestido, ¿por qué os afanáis? Considerad los lirios del campo, cómo crecen: no trabajan ni hilan; pero os digo, que ni aun Salomón con toda su gloria se vistió así como uno de ellos. Y si la hierba del campo que hoy es, y mañana se echa en el horno, Dios la viste así, ¿no hará mucho más a vosotros, hombres de poca fe? No os afanéis, pues, diciendo: "¿qué comeremos, o qué beberemos, o qué vestiremos?" Porque los gentiles buscan todas estas cosas; pero vuestro Padre celestial sabe que tenéis necesidad de todas estas cosas. Mas buscad primeramente el reino de Dios y su justicia, y todas estas cosas os serán añadidas. Así que, no os afanéis por el día de mañana, porque el día de mañana traerá su afán. Basta a cada día su propio mal»* (Mateo 6:25-34).

Aceptar lo que no puede cambiarse, conservar los valores clave y vivir la vida día a día puede eliminar mucha tensión y ansiedad en las relaciones matrimoniales. Piense en lo que tendría que ocurrir para turbar su matrimonio si usted...

Acepta lo que no puede cambiarse. Probablemente ha leído usted la plegaria de Reinhold Niebuhr: «Oh Dios, danos serenidad para aceptar lo irremediable, valor para cambiar aquello que puede ser cambiado y sabiduría para distinguir lo uno de lo otro.» ¿Qué le parece si hiciera de ella la plegaria personal que usted realmente necesita?

Enfréntese al hecho de que por mucho que se preocupe o por mucho que diga nunca hará cambiar realmente a su cónyuge. Por otra parte, aceptarle/a y amarle/a por lo que él (o ella) es, puede liberarles a ambos de sus preocupaciones. Los cambios que se operen en ustedes puede muy bien ser lo que Dios haga para que su matrimonio sea más sólido y satisfactorio.

En su libro *Are You Fun to Live With,* Lionel Whiston habla de Pete, un hombre que durante años trató de hacer cambiar a su esposa para que fuera más como él creía que debía ser. Pero «todo lo que obtuvo siempre a cambio fue una discusión o un encogimiento de hombros».

Whiston continúa diciendo luego: «Pero una reciente declaración de Pete dista mucho de la primera... Este ha encontrado una mayor alegría en la vida familiar, amando a su familia por lo que es y no por lo que hubiera podido ser.

»Pete anhela todavía el momento en que su familia se una a él en la fe cristiana, y a menudo se pregunta: "¿Cuándo cambiará mi esposa y se convertirá en una verdadera media naranja para mí?" Entonces se responde: "No lo sé, y en cierto modo tampoco me importa. Mi obligación es amarla y ser el buen esposo y el buen padre que puedo ser. Si Dios quiere cambiar a Arlene, lo hará. Mientras tanto estoy contento de haberme casado con ella."»

Conserve los valores. ¿Qué se gana preocupándose? ¿Se preocupa usted por algo concreto? Recuerde las palabras de Cristo: *Por tanto os digo: «No os afanéis por vuestra vida, qué habéis de comer o qué habéis de beber; ni por vuestro cuerpo, qué habéis de vestir. ¿No es la vida más que el alimento, y el cuerpo más que el vestido?»* (Mateo 6:25).

Como cristiano, usted goza del perdón de Dios. Tiene usted la vida abundante, la vida en la familia de Dios. El recordar esto, ¿le ayuda a contemplar más claramente sus valores?

El dinero puede andar escaso; los vestidos pueden estar un poco gastados. Usted parece contabilizar más fracasos que éxitos. Mientras se esfuerza por solucionar sus problemas, conserve sus valores y recuerde que «la seguridad cristiana tiene poco que ver con éxitos o fracasos. Como cristianos creemos que Cristo nos ama totalmente, tanto si triunfamos como fracasamos». El nos ayudará en nuestras necesidades, por cuanto confiamos en El y en Su Palabra para ayudarnos a mantener nuestros valores intactos en todas las áreas de la vida.

Viva día a día. ¿Está usted preocupado por su matrimonio, o se goza en él? ¿Se ha gozado hoy en su cónyuge? ¿O está demasiado preocupado por lo que traerá el mañana para concentrarse en el *ahora*?

Ni que decir tiene que la casa necesita reparaciones y que habría que llevar al niño al dentista; tampoco puede esperar demasiado a que le revisen los frenos del coche. Incluso así, Jesús dice: «No te inquietes por el mañana. Dios se ocupará también de tu futuro. Vive al día.» ¿Cree usted esto? Sería mejor que lo hiciera. Hoy es el único día de que dispone.

¿QUE PIENSA USTED? 23

1. Vuelva a los principios bíblicos para enfrentarse con la ansiedad. Elija un par de ideas que le sean especialmente significativas.

2. Piense ahora en distintas formas de utilizar sus ideas para que le ayuden a pasar de la inquietud a una mayor liberación y confianza en Dios.

3. ¿Se le ocurre a usted al menos medio por el cual
la fe y confianza en Dios —en vez de la preocupación— ayudarán su matrimonio? Sea específico.

La tensión puede ser buena para su matrimonio

Unas palabras finales sobre los problemas y la tensión, las cosas que le preocupan.

Las situaciones tensas pueden ser valiosas en cuanto a su matrimonio se refiere. Como dice Dwight Small: «Los momentos más penosos de la vida pueden ser también ocasiones de comunicación a niveles más profundos del entendimiento mutuo. Esta es la experiencia de parejas que llevan mucho tiempo casadas y cuyas mejores ocasiones de diálogo se han presentado durante las contrariedades. El cese en el trabajo, la enfermedad de un hijo, la muerte de un padre..., tales experiencias necesariamente comportan una necesidad de cooperación y acción decisiva. Esto hace que dos personas se sientan mutuamente necesitados de una manera muy especial.»

Cuando llegan las complicaciones, en vez de dejar que la angustia le haga débil y miserable, busque a Dios y busque a su cónyuge, en la confianza de que juntos pueden enfrentarse a toda adversidad.

¿CUAL ES SU PLAN?

1. Lea el siguiente pasaje bíblico y anote *lo que* vamos a hacer y *por qué* lo hacemos: ... *echando*

toda vuestra ansiedad sobre él, porque él tiene cuidado de vosotros (1.ª Pedro 5:7).

Qué voy a hacer:

Por qué lo hago:

2.   ¿Cuál es el plan para la eliminación de la ansiedad y las preocupaciones en el siguiente pasaje? *Tú guardarás en completa paz aquel cuyo pensamiento en ti persevera; porque en ti ha confiado* (Isaías 26:3).

La palabra «pensamiento» se refiere a nuestra imaginación para la vida. ¿En qué piensa o en qué insiste usted?

3. Lea el siguiente pasaje bíblico: *Por nada estéis afanosos, sino sean conocidas vuestras peticiones delante de Dios en toda oración y ruego, con acción de gracias. Y la paz de Dios, que sobrepasa todo entendimiento, guardará vuestros corazones y vuestros pensamientos en Cristo Jesús. Por lo demás, hermanos, todo lo que es verdadero, todo lo que es honesto, todo lo justo, todo lo puro, todo lo amable, todo lo que es de buen nombre; si hay virtud alguna, si algo digno de alabanza, en esto pensad* (Filipenses 4:6-8).

Enumere sus ansiedades:

Enumere sus peticiones definidas:

Enumere algunas cosas específicas en qué pensar que convengan a la cualificación del versículo 8:

La próxima vez que empiece a preocuparse, recuerde Filipenses 4:8 y concéntrese en lo que es digno de reverencia, honesto, puro, amable, bondadoso, atractivo, gracioso. Unase a su cónyuge y aíslen cualquier ansiedad o preocupación particular que tenga cada uno de ustedes. Hagan de ellas una cuestión de oración y utilicen los versículos que han estudiado en busca de inspiración de manera que olviden literalmente sus problemas y ansiedades.

CAPITULO 9

cómo enfrentarse a los conflictos

Leyendo este capítulo descubrirá:

— que el conflicto forma parte del matrimonio y que debe ser solucionado, no oculto o ignorado;

— algunas causas principales para el conflicto y cómo tratarlas;

— diez principios clave (con varios subprincipios valiosos) para enfrentarse con éxito a los conflictos, según las enseñanzas de las Escrituras.

Los mitos almibarados describen el matrimonio como el período en que usted «vive felizmente» (sobre todo si es usted cristiano). Las trifulcas y los desacuerdos, dicen los mitos, no forman parte del matrimonio sano y «espiritual».

Pero el almíbar se derrite pronto bajo la presión calurosa de la realidad matrimonial. El matrimonio *incluye* conflictos porque se trata de una unión de dos personas que poseen sus opiniones y caracteres particulares. Es imposible que dos personas puedan estar siempre de acuerdo en todo. En cualquier matrimonio surgirán conflictos de vez en cuando.

¿Qué es exactamente un conflicto? Para algunos, esta palabra evoca escenas bélicas y campos de batalla. Este es uno de los significados de conflicto, pero la definición en cuanto a este capítulo se refiere es, según el diccionario Webster: «Desacuerdo, angustia de ánimo, tensión emocional resultante de impulsos interiores o necesidades incompatibles.»

Esta definición es un reto a todo matrimonio. ¿Cómo pueden marido y mujer enfrentarse a sus desacuerdos, a las tensiones que surgen cuando las necesidades e impulsos de uno de los cónyuges no concuerdan con los del otro? ¿Cómo pueden ellos impedir que estos desacuerdos se traduzcan en discusiones?

Todo matrimonio necesita saber cómo hacer frente al conflicto de manera creativa y constructiva.

La objetividad, la flexibilidad, la buena voluntad al compromiso (apretar el tubo de dentífrico por el medio en vez de hacerlo por el extremo, ¿es *realmente* una de las grandes soluciones de la vida?) y la propensión a permitir que el otro cónyuge sea como es, todo ello necesita ser perfeccionado si las parejas quieren gozar de unas satisfactorias relaciones matrimoniales.

Cuando surge el conflicto hay que afrontarlo con el bienentendido de que los desacuerdos no significan que el matrimonio esté el borde de la destrucción. Un desacuerdo jamás debe ser la mecha que haga explotar el barril de pólvora de la emoción. Marido y mujer tienen que aprender a estar «agradablemente en desacuerdo» o a plantear el asunto en los términos un tanto más fuertes de «pelea noble». Desgraciadamente, pocas parejas se entrenan en el arte de «estar en agradable desacuerdo» o de «pelear noblemente» antes del matrimonio. Como resultas de ello, sus desacuerdos se trocan a veces en palabras disonantes, argumentos acalorados e incluso bofetadas. Cualquier matrimonio puede hacer frente a los conflictos con mayor facilidad si utiliza los diez principios siguientes.

No evite el conflicto con el tratamiento del silencio

Algunos matrimonios emplean el «tratamiento del silencio» como medio para evitar la controversia. Utilizan el silencio como arma para controlar, frustrar o manipular a su cónyuge. A veces, el marido o la mujer echa por el sendero del silencio porque parece el menos doloroso. Tal vez uno de los cónyuges es ahora silencioso porque el otro, en el pasado, no era propenso a escucharle. También cabe la posibilidad de que una profunda herida moral mantenga en silencio a uno de los consortes.

Pero el silencio, a la larga, nunca da resultado. «El silencio es oro», dice el viejo refrán, pero el oro también se torna viejo y amarillento. No se escude tras el silencio porque tema enfrentarse a la realidad de un problema.

Los consejeros matrimoniales estiman que al menos la mitad de los casos en que intervienen llevan implícitos un marido silencioso, taciturno. Irónicamente, las situaciones que evitan son a menudo aquellas que necesitan reajustes o cambios a la mayor brevedad posible.

He aquí una norma típica resultante del uso del silencio. Cuando el matrimonio no se comunica porque uno de los cónyuges es taciturno, ambos experimentan frustración y una creciente sensación de futilidad. Cuanto más trata de hablar el cónyuge comunicativo, más se encierra el otro, el taciturno, en la concha de su hostilidad. El primero, entonces, se siente decepcionado y herido en su amor propio. Y puede que llegue a las voces o a la violencia en su intento de sacar al cónyuge silencioso de su refugio. Pero también esto es inútil, por cuanto únicamente sirve para que el otro se vuelva más taciturno aún. Cuando usted le pregunta a una persona silenciosa: «¿Por qué no me habla?» o «Por favor, diga algo, ¿por qué no podemos comunicarnos?», u otra pregunta similar, ello sólo contribuye a reforzar el silencio de dicha persona.

¿Cómo, entonces, anima usted al taciturno para que hable? Lo primero que tiene que hacer es dejar que el otro elija el momento oportuno para hablar. Luego, cuando la persona habla, debe demostrar, por todos los medios a su alcance, que desea escucharla sin juzgar lo que dice, aceptando sentimientos y frustraciones cuando lo que el otro dice está muy lejos de lo que usted quiere que dijera. La persona silenciosa verá entonces que usted la escucha realmente y que se interesa por sus palabras. Si crea usted un clima de aceptación y camaradería, el cónyuge taciturno comenzará a hablar con toda probabilidad y entonces se restablecerá la comunicación.

¿QUE PIENSA USTED? 24

1. Señale cómo *tiende* usted a responder cuando surge la controversia:

    Hablando incesantemente   Callándose

2. Enumere varias razones por las que cree que una persona puede elegir el silencio:

3. ¿Cuándo prefiere usted permanecer silencioso?

¿Por qué?

¿Solucionará el silencio su problema o mejorará la comunicación a la larga?

4. Escriba a continuación lo que podría hacer para animar a su cónyuge taciturno a ser más expresivo.

No ahorre «cupones emocionales»

Procure asegurarse siempre de que no ahorra o economiza hostilidad. Un marido o una esposa pueden acumulan fácilmente mucha hostilidad cuando intentan de contender con un cónyuge que se adhiere al tratamiento del silencio (discutido en las líneas anteriores). Pero el peor método de tratar las sensaciones de irritación o frustración es negarlas o reprimirlas. Los sentimientos hay que expresarlos. Nunca deben acumularse.

Algunas personas, sin embargo, hacen con sus emociones lo mismo que con los sellos o cupones que les dan en los comercios. Las coleccionan, por decirlo así. Acumulan más y más cupones y, finalmente, cuando algo ocurre se produce el acabóse y la bomba estalla con todas sus consecuencias. El álbum de los cupones emocionales se completa y su poseedor decide que ya es hora de canjearlo, obteniendo «algo a cambio» por la molestia de coleccionarlos. Después de *canjear el álbum de cupones*, por decirlo así, piensan: «Bueno, al fin me he quedado tranquilo.»

¿Es usted coleccionista de cupones emocionales? Si supone que lo es, ahora llega el momento de comenzar a remediarlo. Es mucho mejor que dé rienda suelta a sus emociones a medida que *surgen*. Dios nos creó a todos para sentir profundamente, pero debemos expresar lo que sentimos. Nuestras expresiones deben y pueden manifestarse de manera saludable.

Muchas de las discusiones y disputas que se originan en los matrimonios se convierten en verdaderos espectáculos emocionales deprimentes. ¿Cómo trata *usted* sus desavenencias conyugales?

Una pregunta crucial es cómo trata usted la ira, esos fuertes, apasionados sentimientos de disgusto que se amontonan en su pecho. ¿Cómo le trata a

NO VALE LA PENA COLECCIONAR "CUPONES EMOCIONALES"

usted su ira? (En este punto le sería conveniente revisar los capítulos 6 y 7.)

Suponga que su cónyuge actúa negativamente con respecto a usted o incluso llega a enfurecerse. Hágase estas preguntas:

¿Me siento realmente herido o afectado por ello?

¿Serviría de algo un contraataque airado en este caso, aun cuando fuera racional y justificado?

¿Sería enfurecerme lo más efectivo que yo podría hacer?

¿Qué lograría con mi ira?

¿Cómo respondo a otra persona que está furiosa? Haga lo que haga, no le diga nunca a su interlocutor: «Ahora no se enfade.» Cuando usted dice esto, el efecto es de lo más contraproducente. Por el contrario, intente decir tan calmosamente como pueda: «Siento que algo le haya hecho irritarse. Si he sido yo, discúlpeme. ¿Qué puedo hacer por usted?» Esta sugerencia es efectiva en casa, en el trabajo..., por doquier. Por extraño que parezca, esto suena vagamente familiar, suena a «algo de la Biblia». Salomón, que en experiencia marital no había que enseñarle nada, escribió en cierta ocasión: *La blanda respuesta quita la ira* (Proverbios 15:1).

¿QUE PIENSA USTED? 25

1. Enumere varias formas en que puede expresar la ira sin herirse a sí mismo o a los otros.

2. Manifieste la forma en que desearía que su cónyuge le hiciese conocer cuándo está furioso.

3. ¿Cómo haría usted saber a su cónyuge que preferiría que su ira fuese comunicada de manera diferente?

De ser posible, prepare el terreno para la desavenencia

Si prevé usted una fuerte discusión sobre un tópico importante, procure que tenga lugar en el lugar y momento oportunos. Cuidado con las interrupciones. Puede que tenga que dejar el teléfono descolgado o no contestar si llaman a la puerta. Si tiene hijos, pídales que no interrumpan, y si lo hacen, dígales que se trata de una discusión importante y que hablará con ellos cuando haya terminado.

Los padres no suelen, por lo general, tener éxito en ocultar los argumentos y las desavenencias a sus hijos. Hágales saber que usted y su esposa no están siempre de acuerdo y que, a veces, todos los miembros de la familia viven momentos de desacuerdo. Recuerde que sus hijos seguirán, en este respecto, lo que aprendan observándole a usted y a su cónyuge. Si puede establecer una norma razonable para las discusiones con su mujer, ello puede ayudar mucho a los críos, por cuanto aprenderán a discutir de manera saludable, todo lo cual redundará en la paz y armonía hogareñas.*

Ataque el problema, no se ataquen entre sí

Haga lo posible por mantener la discusión en el terreno impersonal. Muchas parejas, en vez de atacar el problema, se atacan mutuamente con reconvenciones duras o sarcásticas.

Cuentan una vieja historia sobre un pastor de Wyoming que observaba la conducta de los animales salvajes durante el invierno. Las manadas de lobos, por ejemplo, se desparramaban por el valle y atacaban a los caballos salvajes. Los caballos formaban un círculo con las cabezas en el centro y coceaban a los lobos, ahuyentándolos. Luego, el pastor vio a los lobos atacar a un rebaño de asnos silvestres. Estos animales también formaban un círculo, pero lo hacían presentando las cabezas a los lobos, de manera que cuando empezaron a cocear se maltrataban los unos a los otros.

Las personas pueden elegir entre ser tan astutas como los caballos salvajes o tan estúpidas como los asnos de la misma especie. Pueden dar de patadas al problema o dárselas ellas mismas. He aquí cinco consejos para dar patadas al problema en una discusión y no dárselas a su cónyuge:

— Cualquier manifestación o acusación que presente, respáldela con hechos.

— Viva el presente. No se permitan quejas de cinco o seis meses atrás. Evite el decir: «Recuerdo cuando...» Hay un cartelito en la mesa de un hombre de negocios que reza así: «Recuerde que debe olvidar.» Toda pareja necesita colocar ese cartelito en-

* Sin embargo, es muy peligroso que los niños presencien discusiones de los padres. Es mucho mejor evitarlas del todo, o llevarlas con suma moderación si inevitablemente han de tener lugar ante ellos. — (*Nota editorial.*)

BREVE CURSO PARA ATACARSE ENTRE SI EN VEZ DE ATACAR EL PROBLEMA

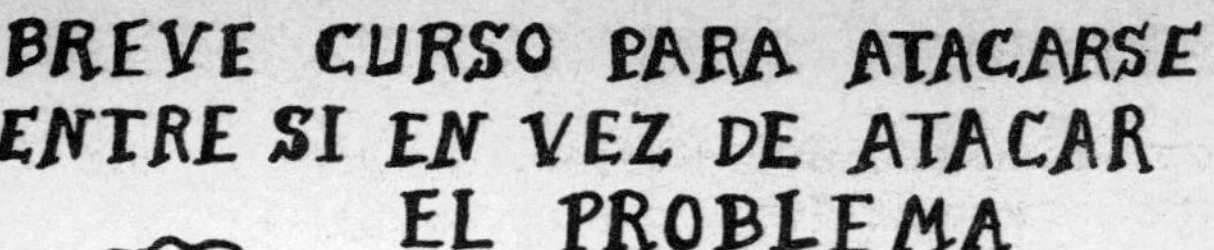

cima de su matrimonio. El apóstol Pablo dijo: ... *una cosa hago: olvidando ciertamente lo que queda atrás, y extendiéndome a lo que está delante...* (Filipenses 13:3).

— No haga referencias a los parientes de su propia sangre o a los parientes políticos.

— No haga referencias a la apariencia de su cónyuge. Es decir, procure no hacer alusiones sarcásticas a la obesidad, a la calvicie, a ropas que caen mal, etc.

— Nada de dramatismos, por favor. Nada de estados emocionales que estallan en lágrimas. El llanto es frecuentemente una manera de manipular al otro. también las amenazas se utilizan en tal sentido. Algunos cónyuges amenazan incluso con el suicidio en un intento de dominar a sus esposos/as. Pero ninguno de estos métodos suele dar resultado. No hay «Oscars» para el dramatismo cuando marido y mujer intentan solucionar una desavenencia.

¿QUE PIENSA USTED?   26

Planee su estrategia para tratar el problema de su cónyuge sin seguir los cinco consejos recién enumerados.

1. Si hago una acusación o manifestación que no está respaldada con hechos, diré:

2. Cuando sale a colación una queja de seis meses atrás, declararé:

3. Si se hace una referencia a un familiar, político o no, diré:

4. Si se hace una referencia sobre el aspecto de mi cónyuge, yo:

5. Si se hace una referencia sobre mi propio aspecto:

6. Cuando uno u otro se pone «dramático», optaré
   por:

7. Revise sus respuestas sobre las seis situaciones
   recién enumeradas. ¿Son sus respuestas positivas
   o negativas? ¿Ayudarán o molestarán a su cónyuge? ¿Contribuirán a hacer la comunicación más
   eficaz la próxima vez o tenderán a dificultar futuras comunicaciones? Si sus respuestas son negativas, hirientes o tienden a dificultar futuras comunicaciones, ¡escríbalas nuevamente!

No «arroje sus sentimientos» a su cónyuge

Aprenda a poner a su cónyuge al corriente de sus
sentimientos. No se los arroje como si fueran piedras
o flechas.

El doctor Howard Clinebell sugiere que «... un
camino hacia la comunicación productiva es para
ambos, marido y mujer, aprender el arte de *ir derecho al grano*. Toda persona puede ayudar a la otra
a comprender preguntándose: «¿Digo lo que siento
realmente?» Esto significa aprender a ser consciente de lo que uno siente en realidad y desarrollar el

arte de expresarlo claramente con palabras. Para ello se requieren frases directas y no tortuosas, manifestaciones específicas y no generalizadas. La esposa critica a su marido cuando se sienta a desayunar oculto detrás del periódico. «Cuidado, no vayas a derramar el café.» Lo que ella realmente quiere decir es: «Me molesta que te pongas a leer el periódico en vez de hablar conmigo.» Hablar así implica ser sincera sobre sentimientos tanto negativos como positivos y ser capaz de expresarlos de manera no ofensiva: «Me molesta...» en vez de «Tú eres...». Siempre se corren ciertos riesgos en esta clase de comunicación hasta que la mujer y el marido confían lo suficiente en sus relaciones como para decir sin tapujos lo que en realidad sienten.

«James Farmer cuenta la historia de una mujer que se hizo rica y decidió escribir un libro sobre su árbol genealógico. El conocido autor que contrató para la tarea descubrió que uno de los abuelos de la dama en cuestión había sido electrocutado en Sing Sing. Cuando el escritor le dijo que aquello había que incluirlo en el libro, ella le rogó que lo hiciese de manera que ocultara la verdad. Cuando apareció el libro, el caso se leía como sigue: "Uno de sus abuelos se sentó en la silla eléctrica que se aplicaba en una de las instituciones más conocidas de América. Le tenía mucho apego a su profesión y murió literalmente en la brecha." El significado en algunos intentos de comunicación entre marido y mujer viene a ser casi tan oscuro y confuso como el hecho que acabamos de citar. Por lo general es mejor llamar "al pan, pan, y al vino, vino", amablemente si es necesario, pero con claridad.»

En las palabras del Predicador: *Todo tiene su tiempo..., tiempo de callar, y tiempo de hablar* (Eclesiastés 3:1, 7).

No se aparte del asunto

Trate de saber siempre con exactitud lo que discute y no se salga por la tangente. No saque a relucir cosas sin importancia o que no vienen al caso. A veces hay que decir más o menos esto: «Dejemos esta conversación y veamos de qué estábamos hablando. Empieza otra vez y te escucharé. Quizás haya algo que no he comprendido bien.» Tome usted la iniciativa para esto y no espere a que lo haga su cónyuge. Muestre siempre predisposición a escuchar y a formular preguntas.

Cuando se enfrasque en un argumento o discusión importante, recuerde que debe preguntarse: «¿De veras es tan grande el problema o la disparidad de criterios como yo imagino? ¿Busco una solución o lo que busco únicamente son problemas?» ¿Tiende usted a ver el lado bueno o el lado malo de las cosas? ¿Suele perder tiempo dándole vueltas a los problemas en la cabeza? ¿Acostumbra a crearse problemas usted mismo o usted misma?

La respuesta a estas preguntas puede radicar en si es usted optimista o pesimista. La diferencia puede apreciarse fácilmente en esta vieja pero humorística historia:

«Había dos granjeros, uno pesimista y el otro optimista.

»El optimista decía: "¡Qué sol tan hermoso!"

»El pesimista respondía: "Ya, ya; temo que agoste las cosechas."

»El optimista decía: "¡Bonita lluvia!"

»Y el pesimista replicaba: "Ya, ya; temo que se produzca una inundación."

»Un día, el optimista dijo al pesimista: "¿Ha visto usted el perro de caza que he comprado? Vale su peso en oro."

»El pesimista respondió: "¿Se refiere al que he

visto atado detrás de su casa? Pues no me ha parecido gran cosa."

»Y el optimista: "¿Quiere venir mañana de caza?" El pesimista accedió. Y fueron. Mataron varios patos, pero las piezas cayeron en el estanque. El optimista ordenó a su perro que fuera a buscar los patos, y el animal, obediente, hizo lo indicado. Pero, en vez de nadar, el perro dio un salto tan formidable que llegó a donde estaba el pato herido, lo recogió y regresó de la misma manera.

»El optimista se dirigió al pesimista y le preguntó: "Bueno, ¿qué le ha parecido?"

»A lo que respondió el otro: "Pues... no sé qué decirle. Ese perro no sabe nadar, ¿verdad?"»

¿No nos comportamos nosotros a veces como el granjero pesimista? No vemos las virtudes de nuestro cónyuge porque solamente nos fijamos en sus defectos. Tal vez no estaría de más que todo marido y toda mujer releyeran Filipenses 4:8, 9:

Por lo demás, hermanos, todo lo que es verdadero, todo lo honesto, todo lo justo, todo lo puro, todo lo amable, todo lo que es de buen nombre; si hay virtud alguna, si algo digno de alabanza, en esto pensad. Lo que aprendisteis y recibisteis y oísteis y visteis en mí, esto haced; y el Dios de paz estará con vosotros.

Ofrezca soluciones con críticas

Si usted critica a su cónyuge, ¿puede ofrecerle al mismo tiempo una solución viable? Decir: «La forma en que dejas la ropa sucia tirada en el dormitorio hace que éste parezca una zahurda» no ayuda realmente a nada. Decir: «¿No estaría nuestro dormitorio más aseado si yo pusiera la ropa en su sitio para no tener que andar recogiéndola?» ofrece una solución al problema y comunica también el disgusto por la situación.

Otro buen versículo de las Escrituras que maridos y esposas deben recordar y aplicar es éste:

Así que ya no nos juzguemos más los unos a los otros, sino más bien decidid no poner tropiezo u ocasión de caer al hermano (Romanos 14:13).

No analice a su cónyuge durante una discusión. No se haga el médico o el psiquíatra diciendo frases como: «Ahora dices esto porque...» Su cónyuge no es un caso de estudio. El o ella forma parte de usted, ¡de su carne!

No diga: «Tú nunca» o «tú siempre»

No hay nada como hacer manifestaciones de tipo general para incrementar las dificultades. Evite palabras como «nunca», «siempre», «todo», «todo el mundo», etc.

Evite este tipo de frases recargadas:
— Nunca llegas a tiempo.
— Siempre dices cosas así.
— Todas las mujeres son la monda.
— Todos los hombres sois iguales.
— ¡Todo el mundo dice que eres así, y yo también lo digo!... (seguido de una sarta de insultos).

Otros dos sistemas excelentes para limar asperezas en una conversación son éstos:

Vigile su tono de voz.

No exagere.

Casi todos tendemos a aumentar el volumen de nuestra voz en las discusiones familiares. Cuando lo hacemos solemos decir realmente: «No puedo entenderme contigo en voz normal porque pareces sordo/a a lo que te digo. Gritaré más, a ver qué pasa.»

Levantar la voz pone al otro cónyuge a la defensiva y puede incluso creer que hemos perdido el control de nuestro temperamento o de la situación.

Es muy fácil agravar los problemas mediante la exageración. Nos parece que los hechos, en su di-

mensión natural, no impresionan a nuestro cónyuge, de manera que intentamos atraer su atención alterando estos hechos o «adornándolos un poco».

Las generalizaciones suelen ser una forma típica de exagerar.

Ella dice: «Nunca terminas nada de lo que empiezas en casa. ¡Llevas seis meses trabajando en la cerca del jardín!»

El dice: «Siempre te retrasas. Haces que lleguemos tarde cuando vamos a cenar, al teatro o a la iglesia. ¡Llegaremos tarde a tu funeral!»

Un versículo de Efesios contiene un excelente consejo para los cónyuges que gustan de exagerar:

... sino que siguiendo la verdad en amor, crezcamos en todo en aquel que es la cabeza, esto es, Cristo (Efesios 4:15).

No critique en plan chistoso

Si bien es verdad que una broma o una observación irónica pueden aliviar la tensión en ciertas desavenencias maritales, es mejor usar siempre el humor con cuidado. Nunca trate de ser chistoso criticando a su esposa. El problema puede que no sea serio para usted, mas puede ser importante para ella.

Pregúntese antes de utilizar el humor:

— ¿Aliviará esto la tensión o la aumentará?

— ¿Quiero reír yo solo o trato también de hacer reír a mi esposa?

— ¿Estoy tratando de apuntarme un tanto con mis observaciones sarcásticas?

Cuando esté equivocado, admítalo; cuando tenga razón, cállese

Tenga la humildad de reconocer que puede estar equivocado. A mucha gente le resulta difícil, si no imposible, decir: «Estoy equivocado; tú puedes tener razón.» Practique diciéndose esto en una discusión en broma, y procure decirlo cuando ocurra una desavenencia seria. Cuando usted reconoce honestamente que está en un error y que el otro tiene razón, da un paso de gigante hacia la comunicación y fortalece sus relaciones maritales.

Pida disculpas siempre que la ocasión lo requiera. Santiago nos dice que admitamos nuestros defectos

mutuamente y que oremos también el uno por el otro.
(Véase Santiago 5:16 en *The Living Bible*.)

Proverbios 28:13 encierra un buen consejo: *El que
encubre sus pecados no prosperará; mas el que los
confiesa y se aparta alcanzará misericordia.*

Algunas veces tendrá que admitir que está usted
en error frente a las críticas de su cónyuge, y esto
nunca es fácil. También puede resultar engañoso.
Asegúrese de no jugar con su cónyuge a «Ya sé que
es culpa mía». Es sencillo utilizar este truquito de
echarse siempre las culpas para manipular a su media naranja. Lo ideal es que ella, o él, se disculpe
también y diga: «Bueno, creo que yo también tengo
parte de culpa...»

Si usted está realmente en falta, admítalo de buen
grado. Diga más o menos: «Vaya, me parece que
he metido la pata. Siento haber dicho eso y haberte
molestado. ¿Qué puedo hacer ahora para desagra-
viarte?»

Cuando se enfrente a las críticas de su cónyuge
y las considere justas, recuerde estos versículos:

*Pobreza y vergüenza tendrá el que menosprecie
el consejo* (Proverbios 13:18).

*Aplica tu corazón a la enseñanza, y tus oídos a
las palabras de sabiduría* (Proverbios 23:12).

*Como zarcillo de oro y joyel de oro fino es el que
reprende al sabio que tiene oído dócil* (Proverbios
25:12).

Y cuando su cónyuge confiese sus faltas o admita
sus errores, exprese claramente sus palabras de perdón. Aun cuando usted tenga razón, tome la iniciativa de perdonar y *olvidar*. Proverbios 17:9 enseña:
El amor perdona errores (*The Living Bible*). Colosenses 3:13 dice que debemos *ser amables y pronto
al olvido; no alimentar nunca rencores* (TLB).

Como resumen, el apóstol Pedro y Ogden Nash
nos dan muy buenos consejos.

"Para mantener su matrimonio rebosante en el caliz del amor, cuando este equivocado, ad-mitalo, cuando tenga razon, callese."

Ogden Nash

Pedro nos dice: *Y ante todo, tened entre vosotros ferviente amor; porque el amor cubrirá multitud de pecados* (1.ª Pedro 4:8).

Ogden Nash dio en cierta ocasión este consejo a los esposos (el cual, ciertamente, también es apropiado para las esposas):

«Para mantener su matrimonio rebosante en el cáliz del amor,
Cuando esté equivocado admítalo,
Cuando tenga razón, cállese.»

¿CUAL ES SU PLAN?

1. A continuación se repiten los «Diez principios para enfrentarse a los conflictoso». Revíselos y descarte aquellos en cuya práctica se cree usted fuerte y capaz. Vuelva a leerlos y subraye aquellos en los que se sienta más débil, «los que necesita practicar más».

Diez formas de enfrentarse a los conflictos

1. No evite el conflicto con el tratamiento del silencio.
2. No «ahorre cupones emocionales».
3. De ser posible, prepare el terreno para la desavenencia.
4. Ataque el problema, no se ataquen entre sí...
   — respalde sus acusaciones con hechos;
   — recuerde que debe olvidar;
   — no haga referencias a parientes;
   — no haga referencias al aspecto de su cónyuge;
   — no dramatice.
5. No arroje sus sentimientos como piedras.
6. No se aparte del asunto.
7. Ofrezca soluciones con sus críticas.

8. No diga: «Tú nunca...»
   — baje su tono de voz;
   — no exagere.
9. No trate de manipular a su cónyuge diciendo irónicamente: «Es culpa *mía*», pero no se recate de decirlo seriamente cuando lo sea.
10. Sea humilde..., puede estar equivocado.

2. ¿Es usted optimista o pesimista? ¿Cuáles son las expresiones usuales de su esposa? (señale una):

«¡Oh, chico!»   «¡Oh, no!»

Lea y memorice Filipenses 4:8, 9.

3. Enumere al menos tres cambios específicos de conducta que usted realizará basándose en los «Diez principios para enfrentarse a los conflictos».

4. Reúnase con su cónyuge y compartan los descubrimientos que han hecho tras la práctica de los ejercicios arriba mencionados. (Ah, una advertencia: aplíquese los principios *a sí mismo*.) No infiera que «muchos de estos principios son cosa de *su* cónyuge», o puede crear con ello una desavenencia (conflicto) en este capítulo que trata precisamente de cómo enfrentarse a los conflictos. Si surge la desavenencia o el disgusto, asegúrese de que echa mano a los «Diez principios» y de que «juega limpio». ¡Buena suerte!

comunicarse para fomentar el amor propio

Leyendo este capítulo descubrirá:

— que fomentar el amor propio o propia estimación de su cónyuge es uno de los más importantes objetivos en la comunicación matrimonial;

— que es más importante tratar de comprender a su cónyuge que preocuparse porque su cónyuge le comprenda;

— que existen diez principios prácticos para fomentar el amor propio en su compañero/a;

— planear el uso de los diez principios para el fomento del amor propio a fin de mejorar la comunicación en su matrimonio.

Si ha llegado hasta este punto en la lectura del presente libro, habrá

— descubierto que es usted ya un buen comunicador y probablemente ha entresacado algunos principios para ayudarle a ser mejor aún de lo que es;

— o ha mejorado su habilidad para la comunicación de diferentes maneras;

— o, al menos, ha avanzado algunos pasos hacia la comunicación con su cónyuge a niveles más profundos.

No importa en qué punto se halla usted como marido o esposa: lo cierto es que desea mantener abiertas las líneas de comunicación. Una clave para la comunicación —*la* clave, tal vez— es fomentar el amor propio de su cónyuge. El amor propio de una persona es su juicio general de sí misma, del valor que da a su propia personalidad. Un elevado sentido del amor propio o de la propia estimación no significa que uno sea unególatra. Tener amor propio significa poseer sólidos sentimientos de autorrespeto y propia valía. En otras palabras: estar satisfecho de ser como se es.

La pareja que posee un gran amor propio tiene propensión a ser más feliz y a comunicarse mejor. El alto sentido del amor propio significa ausencia o, al menos, escasez de ansiedades, complejos, rémoras y otros problemas que impiden una buena comunicación. El cónyuge que posee un bajo amor propio raramente puede ser buen comunicador. Esta deficiencia lleva a menudo a la persona al silencio o, por el contrario, la convierte en un dictador inaceptable, en un parlanchín o en un comunicador de vía estrecha que sólo ve un camino: *el suyo*.

Este capítulo final está dedicado al continuo reto de fomentar o edificar el amor propio de su cónyuge, haciéndole sentirse importante, deseado, valioso, triunfante y, por encima de todo, amado. A continuación se enumeran diez principios prácticos para fomentar el amor propio en su esposo/a.

Confiera seguridad a la comunicación

Esfuércese en establecer y mantener una atmósfera tolerable en su hogar. En una atmósfera de tolerancia, marido y mujer tienen la libertad de compartir abierta y sinceramente lo que sienten, piensan y creen. Todo miembro de la familia tiene derecho a expresar la verdad en amor y armonía. Ni el marido ni la mujer deben levantar, conscientemente, barreras en la comunicación mutua.

A veces, uno de los cónyuges se dirige así al otro: «No te dije aquello porque temía ofenderte.» Al dar esta clase de disculpa, el cónyuge se oculta a veces tras la pretensión de estar preocupado por los sentimientos del otro. Esto raramente ayuda a implantar la clase de comunicación abierta que se necesita en un matrimonio. Decir la verdad puede herir, o tal vez no. Con harta frecuencia, marido y mujer evitan discusiones constructivas porque creen que tendrían que introducir cambios en sus propias vidas, caso de tener lugar la comunicación a este tipo de nivel.

El doctor John Drakeford ofrece las siguientes normas para una comunicación abierta y tolerante en el hogar:

«1. Considere los aspectos positivos de la sinceridad. Cuando marido y mujer viven en estrecha relación no suelen tener grandes cosas que ocultarse mutuamente.

»2. Seguramente debe haber un momento en que nos sentamos y decimos a nuestra esposa: "Querida, tienes derecho a saber con quién te casaste. Déjame que te hable sobre mí."

»3. Uno de los usos más censurables de la sinceridad es emplearla como medio de ataque. "Sí, desde luego que lo hice, pero la razón de que lo hiciera es

¿HAY GARANTIAS PARA LA COMUNICACION?

que tú eras demasiado fría conmigo", no es sinceridad, es un ataque directo.

»4. Seamos honestos con nosotros mismos sin ex-
cusa o justificación. Cuando cometemos un error,
admitámoslo.

»5. Antes de emitir un juicio es preciso escuchar
a las dos partes en litigio.»

Las cinco reglas del doctor Drakeford valen la
pena de ser aplicadas y son muy paralelas a los
principios para enfrentarse a los conflictos en el Capítulo 9. Pero ¿qué ocurre en las ocasiones en que
la sinceridad puede hacer más daño que beneficio?
¿No hay ocasiones en el matrimonio en que resulta
más fácil mentir (sólo un poco) que decir la ver-

dad? ¿No es mejor mentir en ciertas ocasiones si con ello cree evitar disgustos en sus relaciones matrimoniales y ofender a su cónyuge?

Todos podemos pensar en situaciones donde probablemente sería mejor no decir la verdad para no lastimar a nuestro cónyuge. Pero ¿evita la mentira disgustos a la larga? Las mentiras, aun cuando sean leves y dichas para mantener la paz, suelen ser descubiertas y, entonces, la situación resulta incluso más desagradable.

Cuando cree que debe mentir para evitar el desagrado, debe ser brutalmente honesto en su motivación. ¿De veras teme herir a su cónyuge o es usted mismo quien le preocupa? ¿Trata usted realmente de aliviar una situación desagradable porque considera que el motivo no valdría la pena?

A menudo sentimos la tentación de mentir cuando nos enfrentamos con cosas que hemos hecho. Estamos tentados de alterar la verdad o de racionalizar los hechos a fin de soslayar la culpa. Esta costumbre la adquirimos cuando somos niños. Cuando los críos se enfrentan a las consecuencias de una mala conducta les resulta difícil, por no decir imposible, confesar: «Sí, lo hice; lo siento mucho.»

¿Se ha fijado alguna vez en la reacción de los demás cuando acepta la responsabilidad de sus acciones y se muestra sincero con ellos? Decir la verdad, admitir los errores, confesar las culpas, produce con frecuencia reacciones de verdadero asombro y de pasmo en los otros.

Puede haber ocasiones en que callarse parte de la verdad parece lo más aconsejable porque la otra persona quizá no esté preparada para la verdad completa en determinado momento. Pero recuerde al hacer esto —al callarse parte de la información— que posiblemente esté invitando a su cónyuge a pensar lo contrario a lo que realmente es la verdad. Cuando hace esto, usted juega con los sentimientos de su cónyuge y se expone a estropear las líneas de comunicación. Piense detenidamente en ello. ¿Vale el juego realmente la pena?

Trate de comprender, no de ser comprendido

Emplee todo el tiempo y el esfuerzo posible en tratar de comprender los puntos de vista de su cónyuge del mismo modo que trata de que él comprenda los suyos. Tal vez exista una buena razón para las creencias, acciones o costumbres de su consorte. Los hábitos de cada cual son distintos, según el medio ambiente en que han vivido, y estos hábitos suelen traerse consigo al matrimonio.

Cuando uno de los cónyuges gruñe o se enfurece porque el otro «no le comprende», ¿qué es lo que suele decirse? «¡Tú no *me* comprendes! ¡No quieres amoldarte a mis ideas ni a mi modo de hacer las cosas! ¡No quieres dejarme hacer la mía!»

Si ambos cónyuges empiezan a decir «Tú no me comprendes», entonces el problema es mucho más serio y la comunicación mucho más escasa. Existe, no obstante, una solución para el problema de la «incomprensión». Paul Tournier deja entrever esta solución cuando dice:

«Usted debe conocer bien la hermosa plegaria de Francisco de Asís: "¡Señor!, haz que yo procure comprender más que ser comprendido..." Es este nuevo deseo el que el Espíritu Santo despierta en los matrimonios para transformarlos. Mientras que un hombre vive preocupado, sobre todo, por ser comprendido por su esposa es desdichado, amargado, siente piedad de sí mismo. Pero en cuanto se preocupa por comprenderla a ella, tratando de entender lo que hasta entonces no ha entendido, entonces el rumbo de los acontecimientos empieza a cambiar. Cuando una persona se siente comprendida se abre y, al ba-

jar la guardia, da con ello lugar a que le comprendan
mejor aún.»

Tournier aboga tan poderosamente por la mutua
comprensión, que dice que el marido y la mujer deben *preocuparse* a fondo en tal sentido, dedicarse

plenamente a aprender cuál es el motivo que hace alegrarse al otro, o apenarse, o inquietarse, o soñar, y el *porqué* de este motivo.

Como en otros muchos casos, las Escrituras han enseñado este tipo de verdad básica durante siglos. Tiempo ha, el apóstol Pablo instruyó a los efesios para que viviesen decorosamente... *con toda humildad y mansedumbre, soportándoos con paciencia los unos a los otros en amor* (Efesios 4:2).

Pablo pensaba en lo mismo cuando escribió a los filipenses y les dijo:

... completad mi gozo, sintiendo lo mismo, teniendo el mismo amor, unánimes, sintiendo una misma cosa. Nada hagáis por contienda o por vanagloria; antes bien con humildad, estimando cada uno a los demás como superiores a él mismo; no mirando cada uno por lo suyo propio, sino cada cual también por lo de los otros (Filipenses 2:2-4).

El grito de «¡No me comprendes!» es la explosión infantil de un cónyuge inmaduro que quiere hacerle trampas al otro. La plegaria de San Francisco: «¡Señor!, haz que yo procure comprender más que ser comprendido...» es la oración honesta del marido o de la esposa que quiere comunicarse, que quiere edificar un matrimonio sano edificando también a su cónyuge.

¿QUE PIENSA USTED? 27

1. Escriba lo que «... hacer concesiones porque se aman mutuamente» significa para usted con respecto a su cónyuge:

2. Declare lo que mirar y preocuparse «... por los intereses de los demás» significa para usted con respecto a su cónyuge:

No suponga que sabe: Pregunte

Reconozca que cierta clase de información no podrá obtenerla mediante otro sistema que no sea el de preguntarle a su cónyuge. No suponga que usted sabe lo que su consorte piensa. ¿No ha oído nunca decir a un marido: «Mi esposa piensa...»? ¿Qué sabe él realmente? ¿Sabe él *realmente* que ella piensa o cree esto o aquello? ¿O es que ya lo da por sabido? ¿Se lo ha preguntado a ella? ¿Ha discutido acaso el asunto con él o con ella?

Suponer lo que su cónyuge sabe, piensa o siente es peligroso. Cierto que es fácil tener impresiones sobre lo que las personas creen mediante un lenguaje mudo que la costumbre hace elocuente: expresiones, miradas, gestos... Pero si usted quiere saber de verdad lo que su consorte piensa, empiece por preguntárselo. La comunicación marido-mujer se perfeccionará automáticamente si ambos cesan de suponer e inician el proceso comunicativo. Una de estas noches (o ahora mismo) suelten la lengua y hablen juntos sobre las ideas siguientes.

1. Escriba debajo lo que usted supone que cree su cónyuge con respecto a cada uno de estos temas, y que éste, si se ponen de acuerdo para tal ejercicio, haga lo mismo en otra hoja aparte:
El papel de esposo

El papel de padre

El papel de esposa

El papel de madre

Tareas masculinas y femeninas en el hogar

Política

Sexo

La importancia de un desahogo creativo para el esposo

La importancia de un desahogo creativo para la mujer

Recreación conjunta como pareja/familia

2. Comparen ahora sus notas y aclaren amablemente los falsos conceptos que el uno tenga del otro.

Escuche: No interrumpa

Se ha hablado mucho en anteriores capítulos (4 y 5) sobre escuchar, pero nunca puede hablarse bastante acerca de este arte, oxidado por la falta de uso (o prácticamente inexistente) en tantos matrimonios.

Puede muy bien decirse que el primer deber del amor es escuchar. El doctor S. S. Hayakawa afirma: «Si somos tan capaces de escuchar como de hablar, podemos ganar sapiencia a medida que nos hacemos mayores, en vez de sentirnos cargados, a los sesenta y cinco años, con el mismo hato de prejuicios que a los veinticinco.»

Pero escuchar requiere disciplina. No logramos escuchar a nuestro cónyuge debido a la impaciencia y a la falta de concentración, especialmente cuando él, o ella, dice algo que nosotros no queremos oír.

Posiblemente sea difícil escuchar cuando su cónyuge elige un momento poco oportuno para sacar algo a colación. Por ejemplo, usted llega tarde a casa, exhausto, y su esposa ya se ha dormido (o así lo cree usted). Se pone usted el pijama, se acuesta cansadamente y, cuando está a punto de pisar la región de los sueños, advierte de pronto que su mujer no dormía en absoluto. Ella le ha estado aguardando y dice: «Quisiera hablar contigo de algo que me ha estado preocupando mucho.»

Su reacción inicial puede ser muy bien: «¡Vaya horas de ponerse a charlar! ¿Por qué no me lo ha dicho durante el día y no ahora? Pero ¿no ve que es muy tarde y estoy molido?»

De acuerdo que el momento es de lo menos oportuno, pero antes del típico «mañana hablaremos de ello», piense un poco. ¿Por qué ha esperado ella tanto rato para hablarle de algo? ¿Por qué aguardar hasta encontrarse ambos en la cama y ocultos en la oscuridad? ¿No puede usted haber hecho algo que dificulte el que su esposa le hable de aquello que le

QUIERO HA-
BLARTE DE
ALGO.
¿A LA UNA DE
LA MADRUGADA.

ronda por la cabeza? Considere estas preguntas antes de reaccionar. ¡También usted puede aprender algo si se detiene a escuchar!

Existen otros problemas comunes relativos a no querer escuchar y a las interrupciones. Está, por ejemplo, el tipo de interrupción de «puntualiza, chico; puntualiza». El diálogo se desarrolla más o menos así. El marido empieza a explicar algo a unos amigos mutuos...

—Salimos hacia mediados de julio.

—Oh, no, querido; fue exactamente el veintisiete.

—Sí, es verdad; salimos el veintisiete a eso de las nueve de la mañana...

—Oh, querido, lo siento; eran las ocho y media en punto. Recuerdo que miré el reloj al cerrar la puerta.

—Bueno, el caso es que salimos a una hora u otra y conduje de un tirón hasta San Francisco.

—¿Seguro que fuimos allí el día de nuestra salida? ¿No fue a...?

Es fácil imaginarse el cuadro. La esposa escucha «atentísimamente», pero no porque quiera oír lo que su marido dice. ¡Lo que ella quiere es rectificarle!

Luego está el tipo «superlisto». Esta es la persona que generalmente va un paso por delante de usted, y lo peor del caso es que cree que realmente le escucha. Pero nunca le deja terminar lo que está diciendo. Las esposas tienen tendencia a pasarse de listas con sus maridos, como en el ejemplo siguiente:

—Querida, hoy estuve en el mercado...

—¡No me digas que olvidaste la lista de la compra!

—No, no iba a decir eso. Decía que estuve hoy en el mercado y vi a John...

—¿Viste a John Richards? ¿Qué tal está? ¿Les gusta el piso nuevo? ¿Qué te ha dicho...?

—No, no hablé con John Richards; lo que iba a decirte es que...

¿Y el «minucioso»? Este escucha tan bien que cuando responde a lo que usted está diciendo, usted se siente como si le sometieran a un examen...

—Oye, acabamos de volver de vacaciones y lo hemos pasado en grande. Nos detuvimos en un parque natural y nos pasamos dos días observando un rebaño de venados.

—¿Qué clase de venados? ¿Gamos o ciervos?

—Pues... no lo sé.

—¿Que no lo sabes? ¿No conoces la diferencia? ¿O acaso no encontraste la explicación en la guía? Mira, la diferencia que existe entre...

Al poco rato probablemente se arrepentirá usted de haber visto cualquier clase de venado y de haberle expuesto el tema a su minucioso amigo.

Estos son algunos de los problemas con que puede encontrarse por la falta de atención de su interlocutor.

He aquí lo que dice la Palabra de Dios sobre escuchar:

Al que responde palabra antes de oír, le es fatuidad y oprobio (Proverbios 18:13).

Un buen versículo que maridos y esposas deben recordar es Santiago 1:19. Todo marido y esposa deben... *ser prontos para oír, tardos para hablar, tardos para airarse.*

¿QUE PIENSA USTED?   29

1.   Trate de ejercitarse durante los próximos días. Pase media hora a solas con su cónyuge y deje aparte todo lo demás. La esposa dispone primero de cinco minutos durante los cuales hablará de aquello que desea. El marido debe escuchar, callado, sin pensar en otra cosa que no sea aquello que su mujer le está diciendo. Nada de conjeturas ni de pensar en lo que

diría como réplica. Al cabo de cinco minutos, intercambio de papeles. Ahora habla el marido y la mujer escucha. Nuevo intercambio de papeles por espacio de otros cinco minutos, de manera que cada cónyuge tenga al menos tres oportunidades de hablar y tres oportunidades de escuchar. Al cabo de los treinta minutos, discutan sus reacciones y pensamientos con respecto a este tipo de actividad. ¿Cómo puede aplicar usted esta experiencia a su norma usual de comunicación?

Confucio dice: «Cónyuge con sentido de caballo nunca se hace machacón»

Cuando intente comunicarse con su consorte, recuerde que, por irónico que parezca, hablar demasiado puede ser tan nocivo como hablar demasiado poco. Si han discutido ustedes un problema adecuadamente, abandónelo. A veces se crea un problema mayor aún hablando más de la cuenta. Proverbios lo dice claramente y sin rodeos: *En las muchas palabras no falta pecado...* (Proverbios 10:19).

Una forma típica de «hablar demasiado» es la machaconería, el volver sobre las cosas por una razón u otra. Existen algunas definiciones técnicas pero, se le dé el nombre que se quiera, machacar no suele conducir a nada. Ello irrita y decepciona a ambos, al machacón y al «machacado».

Posiblemente haya oído, en plan de broma: «La esposa que usa el sentido del caballo nunca se vuelve machacona.» Según una encuesta nacional realizada por una revista importante, lo que más irrita a los hombres son las esposas machaconas.

También los hombres caen en este defecto. Usted mismo puede que haya dicho en alguna ocasión: «La única manera de que mi mujer reaccione es macha-

208

cando. Y lo mismo pasa con los críos. ¡Les digo las cosas una docena de veces y ni por ésas!

Cierto que las esposas, y especialmente los niños, necesitan que se insista sobre ellos. Pero tal vez exista un sistema mejor. ¿Le divierte a usted machacar demasiado? ¿Logra algo con ello? ¿Por qué continúa entonces utilizando un método ineficaz? Considere la posibilidad de que usted haya acostumbrado a su cónyuge y a sus hijos a no reaccionar si no es a base de insistencia, repitiendo las cosas una y otra vez y levantando la voz a medida que lo hace.

Si tiene que decir las cosas media docena de veces, o más, antes de que su consorte le haga caso, es: porque él o ella no le presta atención o porque no cree que usted quisiera decir algo importante la primera vez que habló.

¿Cómo, entonces, puede usted acaparar la atención de su cónyuge sin tener que repetir y repetir? Quizá su marido esté sentado ante la televisión y usted necesita decirle algo. Lo malo del caso es que están dando una película de indios y vaqueros y el trabajo va a ser de usted para que le escuche. Emplee esta sencilla estrategia y verá cómo le da resultado. Póngase de pie como quien no quiere la cosa y colóquese frente al televisor, y si realmente está interesada en hablarle, *apague* el televisor. La atención de su cónyuge está asegurada y garantizada. Pero asegúrese antes de que la cosa que tiene que decirle va a interesarle a él más que la película; de otro modo, espere a otra oportunidad.

O tal vez su mujer está enfrascada en planear la gran cena del sábado por la noche y usted quiere hablarle sobre el mantenimiento del coche antes de irse a trabajar. Lo menos que ella desea oír es que hay que cambiar el aceite o efectuar un engrasado. De manera que debe acercarse a ella y mirarla a los ojos mientras le habla. Posiblemente sea mejor ponerle la mano en el hombro o rodearle la cintura para explicarle el asunto. Existen muchos medios —algunos de ellos agradables— de ser algo distinto a un machacón. Sea creativo y experimente. Y recuerde el consejo de Salomón: ... *y gotera continua las contiendas de la mujer* (Proverbio 19:13). Este rey «tan casado» dijo también: *Mejor es vivir en un rincón del terrado que con mujer rencillosa en casa espaciosa* (Proverbios 21:9).

¿QUE PIENSA USTED?   30

1. Enumere cinco cosas que usted ha pedido (o sobre las que ha machacado) a su cónyuge y que no han cambiado o mejorado en absoluto. ¿Por qué quiere

usted que su consorte cambie en ese terreno?
¿Harían estos cambios que la actitud de su esposo/a estuviera más en armonía con las Escrituras?
¿De qué otra forma haría usted que su cónyuge cambiara sin repetir y repetir (machacar)?

2. Enumere cinco cosas sobre las que su cónyuge le
   ha pedido (o machacado) que cambie y que usted
   no ha hecho porque no ha podido o porque no ha
   querido.

3. De las cosas enumeradas en la pregunta 2, ¿cuáles hubiera podido usted corregir de haberlo deseado?

4. Revise las cosas que ha enumerado usted como
respuesta a la pregunta 3. Especifique detalladamente las razones por las que no ha efectuado
los cambios sugeridos por su consorte. ¿Son váli-
das esas razones? ¿Ha orado usted sinceramente
sobre su decisión para no hacer estos cambios?
Cualquiera de dichos cambios, ¿acercaría su vida
a las enseñanzas de las Escrituras?

5. Para cada una de las cosas enumeradas en su
respuesta a la pregunta 1, escriba las razones por
las que, en su opinión, su cónyuge no intenta realizar los cambios que usted constantemente le sugiere.

No saque conclusiones apresuradas

Casi todo el mundo sabe lo procedente de coordi-
nar el cerebro y la lengua antes de hablar, pero se
diría que a mucha gente esto le resulta imposible.
En seguida rompen a hablar, y luego se pasan mucho
rato lamentando lo que han dicho.

Como aconseja la Biblia, *sea... tardo para hablar*
(Santiago 1:19). No se apresure en lo que dice. Con-

trólese y, cuando hable, hágalo de tal manera que su cónyuge pueda comprenderle y aceptar lo que dice.

Dos consejos más de Salomón encajan muy bien aquí:

El que guarda su boca y su lengua, su alma guarda de angustias (Proverbios 21:23).

¿Has visto hombre ligero en sus palabras? Más esperanza hay del necio que de él (Proverbios 29:20).

Lo que estos dos versículos dicen es que si usted quiere destruir el amor propio de su cónyuge, saque conclusiones precipitadas antes de examinar la situación y descubrir lo que en realidad ocurre. Por el contrario, si quiere usted fomentar la propia estimación de su compañero/a, siga el consejo de Santiago (que debería formar parte de los votos del matrimonio):

... sea pronto para oír, tardo para hablar, tardo para airarse (Santiago 1:19).

Precipitarse a las conclusiones es algo que en el matrimonio resulta extraordinariamente fácil.

Ella dice: «Cariño, hoy estuve de compras; entré en aquella tienda de ropa y lo pasé en grande...» Y salta él: «¡Vaya! Conque te has gastado un montón de dinero en vestidos nuevos, ¿eh? ¡Sabes que no podemos permitirnos ese lujo!» (Lo que en realidad sucedió: ella se probó varios vestidos y no compró ninguno.)

O él dice: «¿Sabes? He estado hablando con algunos compañeros de oficina que planean una partida de golf para el sábado, y yo...»

Ella le interrumpe: «¿Vas a jugar al golf cuando tienes que pintar la puerta y arreglar el jardín, que pronto se parecerá a la selva del Amazonas?» (La verdad de lo ocurrido: él declinó la invitación de los compañeros de oficina porque «tenía mucho trabajo en casa».)

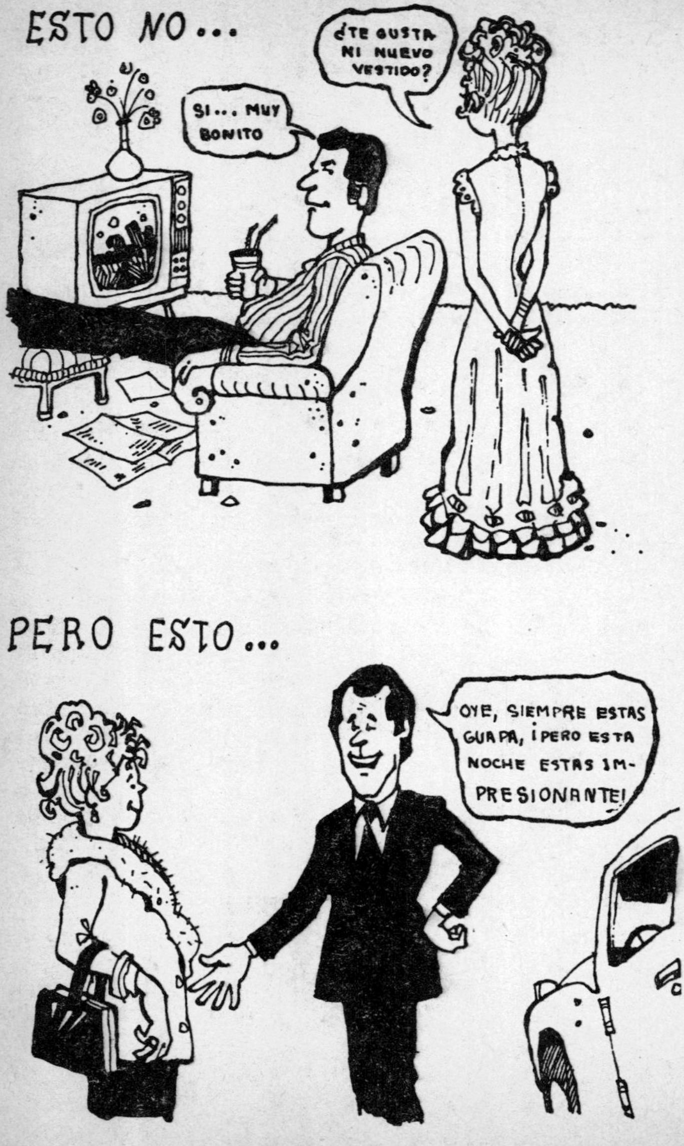

ESTO NO...

PERO ESTO...

Los ejemplos se harían interminables. El amor propio de ambos cónyuges se resiente por este motivo.

No solamente es importante dominarnos cuando nos preparamos para «lanzarnos al ataque de las conclusiones», sino que este dominio, empleado positivamente, nos ayuda a la observación justa en el momento oportuno. Como dijo Salomón: ... *y la palabra a su tiempo, ¡cuán buena es!* (Proverbios 15:23).

Los ejemplos (y oportunidades) son inacabables en cuanto al matrimonio se refiere. Un terreno en el que los maridos no pueden decir lo suficiente en el momento preciso es cuando piropean a su mujercita. En vez de aguardar a que ella se insinúe pidiendo aprobación para su peinado, su vestido o el plato que acaba de cocinar, etc., advierta un poco más la presencia de su esposa y hágale sinceros cumplidos sin que ella tenga que solicitarlos. Un cumplido espontáneo, provinente de un marido, vale cien veces más en el amor propio de una esposa que el típico gruñido: «Oh, sí..., muy bonito...»

En cuanto a las mujeres no deben olvidar que sus maridos son tan vanidosos como ellas (a veces más). También a ellos les gustan los cumplidos sobre su aspecto, y también aquí es mejor hacerlos espontáneamente que esperar a que estrenen el traje nuevo. Todos somos sensibles a los cumplidos, sobre todo a aquellos que nos prodigan «de manera inesperada». Aprendamos a decir cumplidos cuando menos se esperan, pues poseen un alto valor en la bolsa del amor propio de ambos cónyuges.

¿Discrepar? Sí. ¿Faltar el respeto? ¡No!

Muestre siempre respeto por las opiniones de su cónyuge, aunque no esté de acuerdo. Como ya se ha mencionado, ningún marido ni ninguna esposa pueden coincidir siempre. Pero esto no quiere decir que no puedan respetar sus respectivas opiniones y desear de buen grado el uno al otro. Como dijo Voltaire: «Yo desapruebo lo que usted dice, pero defenderé hasta la muerte su derecho a decirlo.»

Pablo debía pensar particularmente en los maridos y en las esposas cuando escribió: *Nada hagáis por contienda o por vanagloria; antes bien con humildad, estimando cada uno a los demás como superiores a él mismo; no mirando cada uno por lo suyo propio, sino cada cual también por lo de los otros* (Filipenses 2:3-4).

¿QUE PIENSA USTED?   31

1. Piense en algunas ocasiones durante las cuales, la pasada semana, mostró usted respeto por las ideas, opiniones y creencias de su cónyuge.

2. Piense en algunas ocasiones en que usted pudo haber demostrado indiferencia por las ideas, opiniones o creencias de su cónyuge durante la pasada semana:

3. Hable con su consorte acerca del «respeto por las opiniones del otro». Si hay que presentar disculpas, preséntelas. Si es preciso demostrar gratitud o hacer cumplidos porque ambos se respetan mutuamente, no se contengan, ¡adelante! Recuerde: *... y la palabra a su tiempo, ¡cuán buena es!* (Proverbios 15:23).

Mire al futuro, no al pasado

No juzgue a su cónyuge por lo que ha hecho en el pasado y que no merece por completo su aprobación. ¿Es usted culpable de haber encasillado a su consorte? Examínese a sí mismo y vea si alguna vez (o a menudo) hace comentarios como éstos:

— El nunca me comprende.

— Ella no escucha lo que digo.

— El no cambiará nunca.

— Ella dice una cosa y hace otra.

— No puedo con él..., es un caso perdido.

Si ha hecho usted comentarios semejantes, pregúntese: «¿Hará mi cónyuge los mismos comentarios con respecto a mí? ¿Hago yo también aquello de lo que acuso a mi cónyuge?»

La pareja cristiana no se estereotipa ni se encasilla entre sí si recuerda la verdadera clave del Nuevo Testamento: Dios está mucho más interesado en lo que una persona puede ser que en lo que ha sido.

«¿Considera usted a las otras personas en proceso de convertirse en algo mejor o las ve limitadas por su pasado, por lo que han (o no han) hecho o dicho (especialmente a usted)?... Es fácil estereotipar a los demás. Usted puede encasillarlos como "pesados", "parlanchines", "deshonestos", "inútiles", etc. La Cristiandad, sin embargo, conjuga en *futuro,* y considera lo que una persona *puede ser,* no lo que *es.* Este es el quid del evangelio. Si Dios nos hubiese tratado basándose estrictamente en el pasado, no habría enviado a Cristo a morir por nuestros pecados. Pero Dios nos amó. El nos vio como personas dignas, valiosas, con futuro. Nos perdonó y sigue perdonándonos, esperando siempre lo que podemos ser si respondemos a la oportunidad que tenemos en Cristo.»

NO ETIQUETE A SU CONYUGE

No obligue a su cónyuge a ser su calco

Si usted ama realmente a su cónyuge no le pedirá (sutilmente o por otro procedimiento) que se convierta en una versión modificada de sus ideas o en una edición corregida de usted mismo. Deje que él, o ella, tenga su propia idiosincrasia, sus propias opiniones. Guárdese de dar a su consorte la impresión de que le ama más cuando está de acuerdo con usted. Recuerde que «... todos somos conscientes. Nuestra imagen está relacionada directamente con nuestros actos, sentimientos y gustos. Critique las ideas y opiniones de otra persona y la criticará *a ella*, por mucho que se proponga lo contrario.

«Antes de levantarse en armas (especialmente en armas espirituales) contra las ideas, actitudes y ac-

218

ciones de alguien, hágase un par de preguntas: ¿Estoy tratando de ayudar a esta persona o lo que trato es de imponerle mi propio sistema? ¿Respeto y aprecio a esta persona por lo que es o intento insuflarle mis ideas de lo que es respetable, amable o espiritual?»

Oren el uno por el otro

Oren el uno por el otro en privado y, si pueden, háganlo en conjunto. Se habla mucho en los círculos cristianos sobre los maridos y las mujeres «que leen la Biblia y oran juntos», pero vaya usted a saber cuántos de ello lo hacen realmente. Y parafraseando el conocido slogan: «La familia que ora junta, no sólo permanece junta sino que se comunica mucho más efectivamente.»

En el Antiguo Testamento, los israelitas pedían, y finalmente lo tuvieron, un rey —Saúl— para que les guiara contra los muchos enemigos que les rodeaban. Samuel, el último de los jueces, accedió a regañadientes a descubrir y coronar a Saúl; pero advirtió una y otra vez a los israelitas que debían seguir a Dios y no depender enteramente de su nuevo rey. En 1.º Samuel 12, Samuel pronuncia un apasionado discurso para recordar al pueblo israelita su propia responsabilidad ante Dios y que no se dejase llevar por la reciente victoria sobre sus enemigos obtenida por el rey Saúl. El pueblo reaccionó pidiendo —mendigando prácticamente— que Samuel continuara rogando e intercediendo por ellos ante Dios.

Samuel respondió diciendo: ... *Así que, lejos sea de mí que peque yo contra Jehová cesando de rogar por vosotros* (1.º Samuel 12:23).

Marido y mujer deberían pasar algún tiempo estudiando juntos este pasaje del Antiguo Testamento. Samuel tenía responsabilidades espirituales para con su pueblo, que le fueron dadas por Dios. Cuando marido y mujer pronuncian sus votos matrimoniales, reciben responsabilidad espiritual mutua, tanto física como mental y emocional. Con todas las presiones que hoy existen sobre el matrimonio, marido y mujer deberían guardarse no solamente de «pecar contra el Señor» (no digamos ya el uno contra el otro), sino de faltar al precepto de orar el uno por el otro. Como indica Paul Tournier: «Es solamente cuando ambos cónyuges oran juntos ante Dios que encuentran el secreto de la verdadera armonía, que la diferencia entre sus caracteres, sus ideas y sus gustos enriquece su hogar en vez de perjudicarlo. No debe seguirse por más tiempo la norma de que uno quiera imponer su voluntad al otro o que éste se resigne para que haya paz. Por el contrario, juntos se someterán a la voluntad de Dios, único modo de que se desarrolle plenamente la voluntad de cada uno de ellos... Cuando cada uno de los cónyuges reconoce tranquilamente ante Dios sus faltas y pecados y pide por el perdón del otro, los problemas maritales desaparecen. Cada cual aprende el lenguaje del otro y a leer sus pensamientos, por decirlo así. Tanto la mujer como el marido reprimen los comentarios ásperos que encajan cuando uno tiene razón, pero que se dicen para ofender. Más que todo eso, la pareja redescubre una completa confianza mutua porque, meditando juntos en oración, ambos aprenden a ser absolutamente sinceros entre sí... Este es el premio que se obtiene si cónyuges de distinta idiosincrasia combinan sus dones en vez de emplearlos para la desavenencia.»

Todas las ideas y sugerencias dadas en este libro serán de escasa utilidad para el matrimonio cristiano si ambos cónyuges descuidan la oración mutua. En realidad, muchas de las ideas y sugerencias ofrecidas aquí, especialmente las relacionadas con los cambios que cada consorte debe efectuar, serán imposibles de llevar a cabo sin la oración. ¡Es Dios quien cambia al matrimonio, no los libros o los manuales!

Hay otra norma para ayudarle a usted y a su cónyuge a aplicar este libro a su matrimonio. Una mejor comunicación depende de los cambios operados en ambos. Cambiar usted o su cónyuge puede llevar mucho tiempo, pero el cambio es posible a través de Cristo Jesús. Decir que usted está tan viciado en sus sistemas que no puede cambiar, es contradecir las buenas nuevas de que Jesucristo puede y quiere hacer de nosotros criaturas nuevas.

Todos cambiamos en proporción al esfuerzo que ponemos en que esto ocurra. Si dejamos que la Palabra de Dios se filtre en nuestro corazón y en nuestra mente, cambiaremos. Recordaremos lo que hay que hacer porque las Escrituras son una parte de nuestras vidas y a través de las Escrituras tenemos una guía preestablecida para el cambio. ¿Cómo podemos aprender a comunicarnos, a fomentar el amor propio en el otro, a amarnos y a comprendernos mutuamente? Leyendo la Palabra de Dios y siguiendo Sus reglas. Debemos hacer todo lo posible por encontrar a Dios y no apartarnos de Sus instrucciones. Tenemos que pensar mucho en las palabras de Dios y guardarlas en nuestros corazones. La Palabra de Dios nos impedirá pecar mutuamente descuidando la comunicación. (Véase Salmo 119:9, 11.)

Y, como Dwight Small indica, no debemos idealizar demasiado el poder mágico de la comunicación. Small advierte: «... que ningún caudal de comunicación puede hacer perfecto el matrimonio, y, por consiguiente, no debemos esperarlo así. Dios es perfecto, el ideal del matrimonio cristiano es perfecto, y los medios que Dios pone a disposición de las parejas cristianas son perfectos. Sin embargo, no hay matrimonio perfecto ni comunicación perfecta en el matrimonio. La gloria del matrimonio cristiano reside en aceptar la perpetua eterna tarea de realizar un ajuste continuo dentro del desorden de la existencia humana, en esforzarse siempre por mejorar la habilidad necesaria para la comunicación y en buscar el poder de Dios que nos capacite para ello.»

Tenga también en cuenta que la comunicación es un medio, no un fin. El fin del matrimonio no es la comunicación. El fin del matrimonio es el amor, el amor para con Dios y para con nuestro cónyuge. Repare en esta disposición o precepto. «Cuando el matrimonio piensa únicamente en la felicidad, sus componentes no logran en modo alguno comunicarse el más elevado amor. Lo que hacen, en realidad, es idolatrarse mutuamente, conformándose con poseer y adorar su ídolo. Esta devoción los aparta de Dios y de la experiencia cristiana del amor, puesto que ambos se aman entre sí más que a Dios. La más elevada forma del amor libera a esas dos personas de la idolatría, impidiéndoles el dominarse y poseerse el uno al otro y de pedir más devoción al precio del amor. Solamente Dios es digno de la máxima devoción. Así pues, la pareja no tiene que vivir enteramente para ellos, sino que deben reconocer que todo amor tiene su origen en Dios. Como maridos y esposas amantes, los cónyuges son siervos que intermedian el amor de Dios, permitiendo que su mutuo amor sirva para un fin más alto.»

Todo el mundo cree hoy que puede existir el matrimonio sin amor. Algunos abogan por el amor sin matrimonio. Ninguna de ambas opciones es muy atractiva para el cristiano. El amor no viene automáticamente al matrimonio, pero madura en él cuando dos personas aprenden a comunicarse.

¿CUAL ES SU PLAN?

1. Siéntese con su esposo/a y comenten los principios discutidos en este capítulo. Establezcan el com-

promiso mutuo de seguirlos en el futuro. Convengan en una responsabilidad recíproca y tracen un plan para una evaluación regular de cómo van triunfando en su empeño.

2. Si uno de ustedes viola cualquiera de los principios, ¿cómo se las arreglarán? Apunte ideas para un procedimiento que ambos puedan aceptar y llevar a cabo.

3. Estudie las «Normas de comunicación matrimonial» en la página siguiente. Lea cada una de las diez normas y todos los versículos sugeridos. Hable de cada uno de ellos. Añada otras normas que usted recuerde de la lectura de este libro y que no estén en la lista. Escriban luego sus nombres en las normas y pongan la fecha. Para obtener un mejor efecto, ambos cónyuges deberían firmar la misma página en un ejemplar de este libro. Puede que desee usted cortar o arrancar la página del libro y ponerla en su agenda o en algún lugar conspicuo de la casa.

Proverbios 18:21; 25:11; Job 19:2; Santiago 3:8-10;
1.ª Pedro 3:10

1. Esté dispuesto a escuchar y no replique hasta que su interlocutor haya cesado de hablar. Proverbios 18:13; Santiago 1:19.

2. Hable lentamente. Piense primero. No se apresure en sus palabras. Hable de tal manera que la

otra persona pueda comprender y aceptar lo que dice. Proverbios 15:23, 28; 21:23; 29:20; Santiago 1:19.

3. Diga siempre la verdad, pero con amor. No exagere. Efesios 4:15, 25; Colosenses 3:9.

4. No emplee el silencio para decepcionar a su interlocutor. Explique por qué duda en hablar en esta ocasión.

5. No se complique en querellas. Es posible mostrar desacuerdo sin discutir. Proverbios 17:14; 20:3; Romanos 13:13; Efesios 4:31.

6. No replique con ira. Responda suave y amablemente. Proverbios 14:29; 15:1; 25:15; 29:11; Efesios 4:26, 31.

7. Cuando esté equivocado, admítalo y pida disculpas. Santiago 5:16. Cuando alguien le confiesa algo, dígale que le perdona. Asegúrese de que el asunto queda *olvidado* y de que no volverá a echárselo en cara a la persona. Proverbios 17:9; Efesios 4:32; Colosenses 3:13; 1.ª Pedro 4:8.

8. Evite el machacar. Proverbios 10:19; 17:9; 20:5.

9. No censure o critique al prójimo. Por el contrario, componga..., anime..., edifique. Romanos 14:13; Gálatas 6:1; 1.ª Tesalonicenses 5:11. Si alguien le ataca verbalmente, le critica o le censura, no responda de la misma manera. Romanos 12:17, 21; 1.ª Pedro 2:23; 3:9.

10. Trate de comprender la opinión del otro. Haga concesiones a las diferencias. Preocúpese por los intereses ajenos. Filipenses 2:1-4; Efesios 4:2.
226

Nuestro acuerdo para seguir estas normas

Nombre .... *Fecha* ....

Nombre .... *Fecha* ....